# 京氏易

占五音圖十三卷京房撰○逆刺一卷京房撰○方正

百對一卷京房撰○晉災祥一卷京房撰○周易占事

十二卷漢魏郡太守京房撰○周易占十二卷京房撰

○梁周易妖占十三卷京房撰　周易占注○周易守林三卷

京房撰○周易集林十二卷京房撰七録云伏萬壽撰

○周易飛候九卷京房撰梁有周易飛候六日七分八

卷七○周易飛候六卷京房撰○周易四時候四卷京

房撰○周易錯卦七卷京房撰○周易渾沌四卷京房

撰○周易委化四卷京房撰○周易逆刺占災異十二

卷京房撰○京君明推偷盜書一卷○占夢書三卷京

房撰

唐藝文志周易京房章句十卷　〇京氏周易四時
候二卷　〇周易飛候六卷　〇周易渾沌四卷　〇周易錯
卦八卷　〇逆刺三卷　行類

通志藝文略周易十卷漢魏郡太守京房章句易傳三
卷漢京房傳吳陸績注　〇京氏釋五星災異傳一
卷　〇京氏日占圖一卷　〇周易守林三卷
京房撰　〇周易集林十二卷京房撰　〇周易妖占十三
卷京房撰　〇周易逆刺占災異十二卷京房撰一云費
直　〇周易飛候九卷京房撰　〇又六卷京房撰　〇周易
飛伏例一卷　〇周易四時候四卷京房撰　〇周易飛候
六日七分八卷　〇周易渾沌四卷京房撰　〇周易委化

四卷京房撰○周易律麻一卷京房撰　右五行類易占○災祥

一卷京房撰　右史類祥異　○占夢書三卷京房撰　右五行類夢占

風角要占三卷京氏撰　類風角　○風角雜占五行圖十三卷京

房撰　右五行類逆刺　○逆刺三卷京房撰隋志一卷

中興書目京房易傳三卷陸績注□□□□飛伏五星

氣候訓解卦義○又易傳積算法一卷□□□卦六爻陰

陽升降各主其位凡吉凶自□□□□□知之引玉海

國史志京房周易律麻一卷題虞翻注引玉海

晁公武讀書志京房易三卷隋有京房章句十卷此書

舊題京房傳吳陸績注大抵星行氣候之學非章句也

玉海晁說之曰漢藝文志易京氏凡三種八十九篇隋

4

經籍志有京章句十卷又有占候十種六十三卷唐藝文志有京章句十卷而占候存者五種二十三卷今其章句亡矣乃略見於僧一行及李鼎祚之書而其傳者曰易傳三卷積算雜占條例法一卷或其題易傳四卷而名皆與古不同今所謂京氏易傳者或題曰京氏積算易傳疑隋唐志之錯卦是也錯卦在隋七卷唐八卷所謂積算雜占條例法者疑隋逆刺占災異十二卷是也至唐逆刺三卷而亡其九卷元祐八年高麗進書有京氏周易占十卷疑隋周易占十二卷是也

陳振孫書錄解題京房易傳三卷積算雜占條例一卷吳鬱林太守吳郡陸績紀注京氏學廢絕久矣所謂章

句者既不復傳而占候之存於此者僅若此較之前志

什百之一二耳今世術士所用世應飛伏遊魂歸魂納

甲之說皆出京氏學用其傳爲易式云或作四卷而條

例居其首又有參同契律麻志易陰陽家類占言占候

宋藝文志京房周易律麻一卷○京房易傳算法一卷

易傳三卷

太平御覽引　京房易傳○京房易說○京房易飛候

○周易集林雜占○京房別對災異○京房風角要占

○風角要訣○京房易妖占○京房五星占○京氏律

術

乾象通鑑引　京房易傳　京氏外傳　京房星經外

傳　京房易飛候氣候　京房易妖占　京房易占

京氏五星占　京房災異後序　災異後論

京氏易八卷（清《木犀軒叢書》刊本）

易學經典文庫

傳述

漢藝文志易道深矣人更三聖世歷三古及秦燔書而

易以卜筮之事傳者不絕漢興田何傳之訖於宣元有

施孟梁邱京氏列於學官

儒林傳京房受易梁八焦延壽延壽云嘗從孟喜問易

會喜死房以爲延壽易卽孟氏學翟牧白生不肯皆曰

非也

贊初易唯有楊孝宣世復立施孟梁邱易元帝世復立

京氏易

後漢儒林傳東郡京房受易於梁國焦延壽別爲京氏

學

又光武中興立五經博士各以家法教授易有施孟梁

邱京氏

又孫期傳建武中范升傳孟氏易而陳元鄭眾皆傳費

氏易其後馬融爲傳授鄭元元作易注荀爽又作易傳

費氏興而京氏遂衰

京氏既立費氏怨望

范升傳近有司請置京氏易博士羣下執事莫能據正

儒林傳房授東海殷嘉河東姚平河南乘宏皆爲郎博

士

漢書谷永傳其於天官京氏易最密故善言災異

後漢鄭元傳師事京兆第五先始通京氏易

沛獻王輔傳好經書善說京氏易

崔瑗傳明天官厤數京房易傳六日七分

楊秉傳少傳父業兼明京氏易傳

郎顗傳父宗學京氏易善風角星算六日七分顗少傳

父業

儒林戴憑傳習京氏易徵試博士

魏滿傳習京氏易

孫期傳少習京氏易

方術樊英傳少受業三輔習京氏易著易章句世名樊

氏學

唐檀傳少遊太學習京氏易

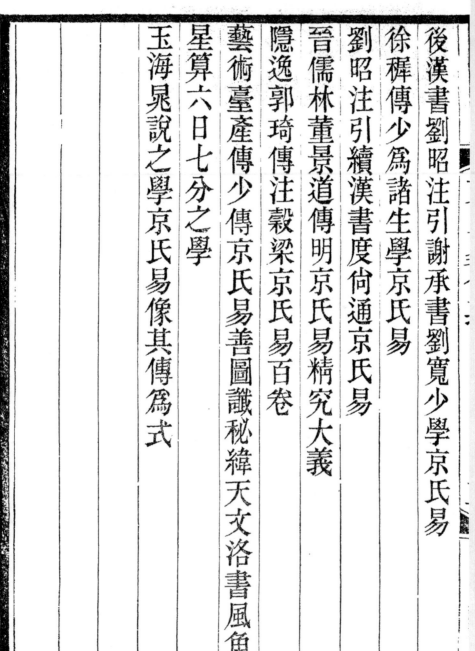

後漢書劉昭注引謝承書劉寬少學京氏易

徐稺傳少爲諸生學京氏易

劉昭注引續漢書度尙通京氏易

晉儒林董景道傳明京氏易精究大義

隱逸郭琦傳注穀梁京氏易百卷

藝術臺產傳少傳京氏易善圖讖秘緯天文洛書風角

星算六日七分之學

玉海晁說之學京氏易像其傳爲式

## 論證

漢書本傳房治易事梁人焦延壽其說長於災變分六
十四卦更直日用事以風雨寒溫為候各有占驗房用
之尤精

孟康漢書本傳注分直卦日之法一爻主一日六十四
卦為三百六十日餘四卦震離坎兌為方伯監司之官
所以用震離坎兌者是二至二分用事之日又是四時
各專王之氣各卦主時其占法各以其日觀其善惡也
儒林傳成帝時劉向校書考易說以為諸易家說皆祖
田何楊叔丁將軍大誼略同唯京氏為異黨焦延壽獨
得隱士之說託之孟氏不相與同

王充論衡易京氏布六十四卦於一歲中上六日七分一

卦用事卦有陰陽氣有升降陽升則溫陰升則寒寒溫

隨卦而至

足觀者

災祥驗行事漢時有京房之倫能言災異顧盼六經有

隋五行志易以八卦定吉凶書以九疇論休咎春秋以

唐一行六卦議十二月卦出於孟氏章句其說易本於

氣而後以人事明之京氏又以卦爻配期坎離震兌其

用事自分至之首皆得八十分日之七十三頤晉井大

畜皆五日十四分餘皆六日七分自乾象麻以降皆因

京氏惟天保麻依易通統軌圖自八十有二節五卦初

爻相次用事及上爻與中氣皆終非京氏本旨

魏正光厤四正爲方伯薛瓚注漢書曰京房謂方伯卦

震兌坎離也

玉海郭璞曰尙書有五事其禦之術京房易傳有消復

之效

又程迥曰子夏易傳京房爲之箋先儒疑非卜商作朱

震易叢說曰孟喜京房之學其書概見於一行所集大

要皆自子夏傳而出

玉海虞翻崔憬用互體京房郞顗用五行

又朱子發曰乾生三男坤生三女乾交乎坤自垢至剝

坤交乎乾自復至夬十有二卦謂之辟卦坎離震兌謂

之四正分主四時十有二卦各主其月乾正於子而左

行坤正於未而右行左右交錯六十卦周天天而復伏

爻者京房所傳飛伏也乾坤坎離震巽兌艮相伏見者爲飛

不見者爲伏 說卦其究爲躁卦例飛伏也

又晁說之曰自古易家有書而無師者多矣京氏之書

幸而與存者才十之一尚何誰之師哉辨三易運五行

正四時謹二十四氣悉七十二候而位五星降二十八

宿其進退以幾而爲一卦之主者謂之世奇偶相與據

一以超二而爲主之相者謂之應世之所位而陰陽之

肆者謂之飛陰陽肇乎所配而終不脫乎本以隱賾佐

神明者謂之伏起乎世而周乎內外參乎本數以紀月

者謂之建終終始極乎數而不可窮以紀日者謂之

積含於中而以四爲用一卦備四卦者謂之互乾建甲

子於初坤建甲子於上八卦之上乃生一世之初一世

之五位乃分而爲五世之位其五世之上乃爲遊魂

世五世之初乃爲歸魂之世而歸魂之初乃生後卦之

初其建剛日則節氣柔日則中氣其數虛則二十有八

盈則三十有六蓋其可言者如此　說之爲京氏易說

胡一桂曰京氏易起月例一世卦陰主五月一陰在午

也陽主十一月一陽在子也二世卦陰主六月二陰在

未也陽主十二月二陽在丑也三世卦陰主七月三陰

在申也陽主正月三陽在寅也四世卦陰主八月四陰

在酉也陽主二月四陽在卯也五世卦陰主九月五陰

在戌也陽主三月五陽在辰也八純上世陰主十月六

陰在亥也陽主四月六陽在巳也遊魂四世所主與四

世卦同歸魂三世所主與三世同

張行成元包數總義卦氣圖之用出於孟喜章句火珠

林之用祖於京房

朱子語類曰今人以三錢當揲著此是以納甲附六爻

納甲乃漢焦贛京房之學

又南軒曰卜易卦以錢以甲子起卦始於京房

李本曰火珠林者出於京房而為此書者不知何人困

學紀聞納甲之說朱文公謂今所傳京房占法見於火

珠林是其遺說

京氏易卷一

漢　魏郡太守京房撰

庚申科舉人充　實錄館校錄候選知縣王保訓集

周易章句

乾九二見龍在田利見大人

易有君人五號帝天稱一也王美稱二也天子爵號

三也大君興盛行異四也大人者聖人德備五也
禮記

否九五繫于苞桑

桑有衣食人之功聖人亦有天覆地載之德故以喻

大有九三公用亨于天子
　用亨獻也 釋文

謙彖鬼神害盈而富謙 釋文 按京氏易彖象傳不分附經今姑從今易以便覆覈

豫彖故日月不過而四時不貸 文釋

象先王以作樂崇德隱薦之上帝以配祖考 釋文

六三汙豫 釋文

九四朋盍揩 釋文

剥六四剥牀以簋 釋文

　簋謂祭器 釋文

上九君子德輿 釋文

復亨出入无疾朋來无咎 釋文

24

大畜彖利涉大川應乎天也

謂二變五體坎故利涉大川五天位故曰應乎天 李鼎祚《周易集解》

祥易
解

頤初九觀我揣頤 釋文

習欲有孚 釋文

彖水臻至 釋文

欲險也陷也 釋文

九五坎不盈禔平

禔安也 釋文

離九三不鼓缶而歌則大経之嗟 釋文

九四欪如其來如 董鼎《周易會通》載晁說之古易音訓京鄭易作焌

咸九四憧憧往來 文釋

睽上九先張之弧後說之壺 文釋

解象君子以赦過尢罪 文釋

困九五劓刖困於赤紱 文釋

井九三井渫不食爲我心惻可用汲王明並受其福 史記屈原傳注

言我道可汲而用也 原傳注

中孚九二我有好爵吾與爾靡之 文釋

六四月迸望 文釋

既濟六四繻有衣絮 文釋

繫辭是故剛柔相摩八卦相盪

相摩相礩切也 文釋

鼓之以雷霆潤之以風雨

霆者雷之餘氣挺生萬物也 釋文

是故君子所居而安者易之序也 釋文

序爻也 釋文

辨明也 釋文

辨吉凶者存乎辭

是故卦有大小辭有險易

險惡也易善也 釋文

易與天地準故能彌綸天地之道

準等也彌遍綸知也 釋文

旁行而不留 釋文

聖人有以見天下之賾而擬諸其形容

賾情也 釋文

聖人有以見天下之動而觀其會通以行其等禮 釋文

大衍之數五十其用四十有九

五十者謂十日十二辰二十八宿也凡五十其一不 釋

用者天之生氣將欲以虛來實故用四十九焉 疏

吾與爾靡之 釋文

五歲再閏故再扐而後卦

再扐而後布卦 釋文

是故可與酬酢 釋文

六爻之義易以工 釋文

聖人以此先心　釋文

古者伏戲氏之王天下也

伏服也戲化也　釋文

斲木為耒揉木為耒　文

耒耒下耒也耒耒上句木也　文釋

象也者象也　文釋

文言君子體信足以長人　文釋

利之足以和義　文釋

說卦

日以暄之　釋

昛乾也　文釋

坎爲叢文釋

爲柴馬

多筋幹文釋

爲遂普文釋

爲朱足文釋

爲矯柔文釋

爲螺文釋

爲果墮文釋

雜卦

謙輕而豫怡也文釋

京氏易卷一終

漢　魏郡太守京房　撰

庚申科舉人充　實錄館校錄候選知縣王保訓集

易傳

凡災異所生各以其政變之則除消之亦除　後漢書郎顗傳

陽感天不旋日諸侯不旋時大夫不過期　後漢書後傳同　補注

注云陽者天子爲善一日天立應以善爲惡一時天立應以惡諸侯爲善一時天立應以善爲惡一日天立應以惡大夫爲善一歲天立應以善大夫爲惡一時三辰閒不

亦立應以惡一說云不旋日也陽郎指天子也後漢書

過期從今日至明日也陽郎指天子又周舉傳云陽感天不旋日又

郎顗傳引中字傳云陽感天不旋

有貌無實佞人也有實無貌道人也寒溫爲實清濁爲

貌　後漢書郎顗傳

地動陰有餘天裂陽不足此臣下盛強害君上之變也

景帝三年天東北有赤氣廣長十餘丈或曰天裂其後 御覽天部 又咎徵部引地動陰有餘天裂陽不足 又

七國兵起 吳淑事類賦引地動陰有餘天裂陽不足 又

萬姓勞厥妖天鳴 晉書天文志中 御覽咎徵部

天鳴必有殺刑失當民流亡 開元占經三 乾象通鑑 開元占經三

天雨星也

君不任賢厥妖天雨星 漢書五行志中之下 開元占經三引京氏云君不任賢厥妖

君畜於祿信衰賢去厥妖天雨草 漢書五行志中之下

國破亡若雨檗人主殃 御覽咎徵部

平帝時雨如草狀元帝時王氏專政至於莽乃篡位政

在私門之家 御覽咎徵部

歸獄不解茲謂追非厥咎天雨血茲謂不親民有怨心

不出三年無其宗人

佞人祿功臣僇天雨血

黔首怨之不出三年亡其宗

咎天雨血茲謂不親下有怒心不出三年又開元占經三引易占云

漢書五行志中引歸獄不解茲謂追非厥咎天雨血茲謂不親民有怨心不出三年無其宗人宋書五行志中之下晉書三乾

又晉書五行志中之下又晉書五行志中之下又乾象通

象通鑑引佞人祿功臣僇天雨血也

行漢書五行志中宋書五行志中之下晉書五乾

前樂後憂厥妖天雨羽

經三引京氏曰天雨毛邪人進賢人退則天雨毛邪人進賢人逃貴人走

象通鑑引邪人進賢人退則天雨毛邪人進賢人逃貴人走開元占

邪人進賢人逃天雨毛

漢書五行志中宋書五行志中之上晉書五行志二乾

漢書五行志中宋書五行志中之上晉書

前樂後憂金失其性則雨毛也御覽咎徵部

邪進賢逃退前樂後憂金失其性則雨毛也

君委祿信衰厥妖雨草火失其性則草妖

御覽咎徵部又乾象通

京氏易八卷（清《木犀軒叢書》刊本）

其性則有草妖

鑑引外傳云火失

王者不顧骨肉不親九族天雨血二日 開元占 經三

血自天墮三年大兵 經三 開元占

內淫亂百姓勞苦則天雨土 御覽咎徵部

雨五穀人相食 御覽咎徵部

燕丹囚於秦天雨粟於燕後秦滅之 御覽咎徵部

地裂者臣下分離不肯相從也 後漢書五行志四 宋書五行志三 乾象通鑑開元占經四引地裂坼者臣下有分離不肯相從災及王公

臣事雖正專必震其震於水則波於木則搖於屋則瓦落大經在辟而易臣茲謂陰動厥震搖政宮大經搖政

茲謂不陰厥震搖山山出涌水嗣子無德專祿茲謂不

順厥震動上陵涌水出

漢書五行志下之上　晉書五　朱書五

書五行志四引無臣祿茲謂不順厥震動上陵涌水出

出又御覽咎徵部引臣專事雖正專必震於水水則波

於木木則搖嗣子無德專祿茲

謂不順厥震動上陵涌水出

陰背陽則地裂父子分離夷羌叛去　宋書五行志四

地坼裂者臣離相從也是時南單于眾乖離漢軍追討

御覽咎徵部

地動蹶城天下亡　開元占經四

火出地其國大水出其君死　開元占經四

地自生卵將軍且疾　開元占經四

地自生石軍可久居　開元占經四

地自出五穀將軍得大道生黃色將軍得土地　開元占經四

日者衆陽之精內明元黄五色無主以象人君光照無

主不可以一名也　開元占經五　北堂書鈔一百四十九引日者內明元黄五色無主

不可以一色名

聖主在上則日光明五色具備　開元占經五　御覽天部　事類賦　藝文類聚

日大光天下和平上下俱昌延年益壽長世無極

天部　開元占經五無長字

乾象通鑑長作與

日上有黃芒人君福昌則日上有黃芒　乾象通鑑

美不上人茲謂上弱厥異日白七日不溫順亡所制茲

謂弱日白六十日物亡霜而死天子親伐茲謂不知日

白體動而寒弱而有任茲謂不亡日白不溫明不動辟

譬公行茲謂不伸厥異日黑大風起天無雲日光俺不

難上政茲謂見過日黑居仄大如彈九<small>漢書五行志下之下</small>

辟不聞道茲謂亡厥異日赤<small>漢書五行志下之下</small>

祭天不順茲謂逆厥異日赤其中黑<small>漢書五行志下之 晉書五行志</small>

下引祭天不順茲謂逆厥異日中有黑氣開元<small></small>

占經五引易占云祭天不順厥異日赤其中黑

經稱觀其生言大臣之義當觀賢人知其性行推而貢

之否則為聞善不予茲謂不知厥異黃厥咎聾厥災不

嗣黃者曰上黃光不散如火然有黃濁氣四塞天下蔽

賢絕道故災異至絕世也經曰艮馬逐逐進也言大臣

得賢者謀當顯進其人否則為下相攘善茲謂盜明厥

咎亦不嗣至於身僇家絕<small>漢書五行志下之上 宋書五行志三引聞善不予茲謂</small>

不知厥異黃厥咎聾厥災不嗣

人君不聞道德其亂臣背上則日赤<sub>開元占</sub>經五

上微弱無法制則日白六十日萬物無霜而死<sub>開元占</sub>經五

臣下無智勇天子自征伐則日白體動而寒<sub>開元占</sub>經五

人君弱而能任其事謂不亡則日白<sub>開元占</sub>經五

人君公行慇過不自改則日黑大風起<sub>天無雲而日光掩也開元占</sub>經五

經五

日青色君弱也日赤色君無智也日黃色君聞善不與<sub>開元占</sub>經五

日黑色君惡見於百姓也<sub>開元占</sub>經五乾象通鑑

臣不掩君惡令不見則日變中黑黑者陰也皆以日出日入時占<sub>乾象通鑑中有黑子黑者陰也臣不掩君惡令下見則又晉書天文志中引易占云日中有黑子黑者陰也臣不掩君惡令下見則又開元占經六引京房日臣不掩君惡令下見於百姓百姓惡君則日變中</sub>

姓惡君<sub>宋書五行志三引同又開元占經六引京房日臣不掩君惡令下見於百姓百姓惡君則日變中</sub>

有黑者陰也皆日出入時也

凡日食不以晦朔者名曰薄人君誅將不以理或賊臣將暴起日月雖不同宿陰氣盛薄日光也（漢書五行志下之下，開元占經九引）蝕皆於晦朔有不於晦朔有者名曰薄人君誅不以理賊臣漸舉兵而起雖非日月同宿時陰氣盛猶掩薄日光也

人君謀罰不理臣下將起則日蝕不以朔晦（開元占經八）

諸侯越職征伐與上分威則日蝕中分（開元占經九）

日者陽之精人君之象驕溢專明為陰所侵則有日食之災不救則必有篡臣之萌其救也君懷謙虛下賢受諫任德日食之災為消也（隱公三年穀梁注）又開元占經十引災異對人君驕溢專明為陰所侵則有日蝕之災不救之必有篡臣之萌其救也君懷謙虛下賢受諫位有德祿有智日蝕災消

京氏易八卷（清《木犀軒叢書》刊本）

亡師茲謂不御厥異日食其食也既並食不一處誅眾

失理茲謂生叛厥食既光散縱畔茲謂不明厥食先大

雨三日雨除而寒寒卽食專祿不封茲謂不安厥食先既

先日出而黑光反外燭君臣不通茲謂亡厥食三既同

姓上侵茲謂誣君厥食四方有雲中央無雲其日大寒

公欲弱王位茲謂不知厥食中白青四方赤已食地震

諸侯相侵茲謂不承茲食三毀三復君疾善下謀上茲

謂亂厥食既先雨雹殺走獸弒君獲位茲謂逆厥食既

先風雨折木日赤內臣外鄉茲謂背厥食食且雨地中

鳴豕宰專政茲謂因厥食先大風食時日居雲中四方

也又乾象通鑑引人君驕佚專明爲陰
所侵則有日食之變不救必有篡弑之禍

無雲伯正越職茲謂分威厥食日中分諸侯爭美於上

茲謂泰厥食日傷月食侯王死<small>乾象通鑑　開元占經</small>

日過中時無光人君不明<small>乾象通鑑</small>

日有黃暈在柳主風雨時農田治物賤國安<small>乾象通鑑兩引一無</small>

在柳二字

日暈有兵在外者客勝<small>乾象通鑑</small>

日暈再重有德之名得天下日有青暈再重其下有兵

穀貴日有赤暈再重其災在下所見之國生蝗蟲有百

日旱糴貴多盜日有黃暈再重其災在公職不治好起

高臺不出一年穀傷兵起日有白暈再重所見之國多

風雨百姓不安有兵起穀貴日有黑暈再重其災在內

用事之臣貪財不出三年其下大水民流亡冬雪夏霜

乾象
通鑑

占日暈者宮中多事怨爭宜察之
乾象
通鑑

日暈有赤雲如車輪曲向日為內提內臣叛其主二提
通鑑

曲背日為外提外臣叛其主
乾象
通鑑

背氣在暈中青外赤臣背主命
乾象
通鑑

日暈上下有兩背無兵兵起有兵兵入
乾象
通鑑

日暈有雲如毛羽臨日不去其下國必有變憂
乾象
通鑑

日中有冠冕人立則天下有二主亦日諸侯弒天子篡
乾象
通鑑

奪之象
乾象
通鑑

日月赤黃為薄或曰不交而食日薄
漢書天文志顏師古
古注
開元占經

月不交而蝕日薄

九又十七並引日

厭食日傷月食半天營而鳴賦不得茲謂竭厭食星隨

而下受命之臣專征云試厭食雖侵光猶明若交王臣

獨誅紂矣小人順受命者征其君云殺厭食五色至大

寒隕霜若紂臣順武王而誅紂矣諸侯更制茲謂叛厭

食三復三食食已而風地動適讓庶茲謂生欲厭食日

失位光晻晻月形見酒亡節茲謂荒厭食乍青乍黑乍

赤明日大雨發霧而寒几食二十占其形二十有四改

之輒除不改三年三年不改六年六年不改九年推隱

三年之食貫中央上下竟而黑臣弑從中成之形也

書漢

五行志下之下　　開元占經九引作亡師茲謂不禦厭

異日食其蝕既也　　君誅殺失理臣下有叛心則日蝕

盡而光散

君縱欲茲謂不明厥蝕先大雨三日雨降而寒蝕既

則君見災不改行國將亡則日蝕盡也

厥蝕君四方有雲中央無雲其日大風

君臣不通茲謂亡厥蝕三既白青四方赤已蝕地大風

同姓上侵茲謂誣君臣欲居主位茲謂

謂諂厥蝕既先風雨折木日赤兩雹殺走獸內臣外向茲謂背厥蝕既先地震

茲謂亂厥蝕既先

諸侯更職茲謂征伐與上分威則日蝕未已

諸侯更制茲謂叛厥蝕三復已而咸已而風地

則又聞地中鳴茲謂

分威動

咸動諸侯

酒無節茲謂荒厥蝕

桓三年日食貫中央上下竟而黃臣弒而不卒之形也

漢書五行志下之下

是時日食從旁右法曰君失臣日食從旁左者亦君失

臣從上者臣失君從下者君失民 漢書五行志下之下 又開元占經九引

凡日蝕從上失臣 下失臣 上失臣

永始元年九月日蝕酒亡節之所致也獨使京師知之

四國不見者若日湛湎於酒君臣不別禍在內也　漢書五行

永始二年二月日食賦斂不得度民愁怨之所致也所
以使四方皆見京師陰薇者若曰人君好治宮室大營
墳墓賦斂茲重而百姓屈竭禍在外也　漢書五行志下之下

凡日蝕其質赤黃黑而漸之者明臣侵君也曰質赤黃
而黑貫其中者此人君無威勢不行爲臣下所輕故臣
謀欲逐其君居其處也黃尚有中和之色也故其咎也
必覺謀不行君誅臣當誅而不誅則君必失其位　開元占經

日蝕赤質而黑漸之者此人君誅衆失理民持兵去之

其咎欲殺也 經開元占

日蝕赤質青黑漸之者爲三公誅衆失理民亦持兵去

順受命征無道□□□□□□□□□□黑而貫其中臣欲

殺其君不改期在九年必殺矣 開元占經九

臣有伏兵將欲殺其君者日變白咎十日而去則日蝕

矣白青者弱赤者無知也強臣所緣上下必由此矣黃

赤者非臣所緣爲也 經九 開元占

而寒地震動宮中有水 開元占經九兩引

人君荒酒無節則日蝕午青午黑午赤午白大雨發濛

諸侯叛逆更立法度則蝕失光腌腌月形見也 一作失

日形見也 蝕掩之

開元占經九

日蝕地震一日震裂日白若中分日然見而寒乃蝕左

右發四正此方伯征誅過職上侵之蝕二年殺開元占經九

親伐之蝕日體時明是不和自興兵開元占經九

日蝕其質黃者陽覺悟也寒後九十日必有諫戮者開元占經九

日蝕已而寒飢陰疾多喪開元占經九

日蝕大寒飢病非一處蝕陽下平旦蝕發於暮對蝕從外後中國大飢盜賊羣居夷狄動心後九年諸侯亂開元占經九

日蝕白氣先出半天乃蝕五色主大寒雲貫日有旋風開元占經九

京氏易八卷（清《木犀軒叢書》刊本）

日蝕先焱風一日乃蝕蝕左右四方並有雲獨中央無

雲其日大寒發於風此同姓諸侯侵蝕也後九年殺

宰相大臣專權日蝕先大風日蝕時日居中四方無雲

日蝕焱風雨七日折木乃蝕既此臣剝其君之蝕也五

年內穀化爲蟲

日蝕爲亂爲兵已蝕而風是謂兵起已蝕而雨是謂分

殀已蝕而霧羣豪聚已蝕而口飛鳥不復其鄉

赤質黃貫其中此君不肯用賢而任小人政教君必逐

日蝕而雷主國亡　開元占

日蝕而星墮蝕晝晦而星見主囗囗　經九

正月日蝕大臣出走不然一人死　開元占

二月日蝕人主夫人死不然大旱　開元占經十

三月日蝕有欲反者近期三月遠期三年　開元占經十

四月日蝕人主有過臣有憂　開元占經十

五月日蝕諸侯多死期三年　開元占經十

六月日蝕人主有謀外國侵土地分　經十開元占

七月日蝕有反者從內起期三年　開元占經十

八月日蝕大水敗城郭天下更始期三年　開元占經十

九月日蝕外主欲自立不成期一年　開元占經十

日蝕而星墮蝕晝晦而星見主囗囗　開元占經九

一作大臣有死之

十月日蝕奸臣在朝二人親一人遠陵君君走開元占

十一月日蝕王者亡地子弑父開元經十占

十二月日蝕天下有兵大臣欲自立不成期一年開元占經

十一本作自立

不成夫人弑君也

日食既則人臣逆謀將逼君篡弑之象亦曰有叛諸侯

日以十二月正月日蝕破爲兩以上王者盡走開元占經十

乾象通鑑

日蝕十二月正月日蝕者大臣死或有黜者二月日蝕者

夫人死或旱三月日蝕者其宿分有叛者四月日蝕者

大臣有憂五月日蝕者諸侯死六月日蝕者人主有謀

其下國亡分土七月日蝕者大水敗城郭八月日蝕者

50

天下更始期三年九月日蝕者有外主自立不成十月

日蝕者奸臣在朝十一月日蝕者其下七地十二月日

蝕者天下有兵（乾象通鑑）

婦貞厲月幾望君子征凶言君弱而婦強爲陰所乘則

月並出晦而月見西方謂之朓朔而月見東方謂之仄

慝仄慝則侯王其肅朓則侯王其舒（漢書五行志下之下乾象通鑑）

又開元占經十一引君弱而婦強爲陰所乘則月並出

有黑雲狀如羣羊豕如飛鳥如鳴雞在月及月旁三日

五日不雨匈奴兵起（開元占十一）

赤雲覆月如血光大旱人民饑千里（開元占十一）

月珥期三十日兵起（開元占十二）

月背珥其國有反者　開元占十二

月與熒惑會宿國王死　開元占十二　引作月與熒惑會其宿王死

月與太白會宿太子死　開元占十二　乾象通鑑

月蝕辰星其國女以戰亂亡　開元占十二

星入月中權臣謀伐其主主令不行　開元占十三

月蝕參天下有小兵　開元占十三

凡月暈七日無雨大風兵作士功興起　開元占十五

正月三暈所宿國小飢五暈大飢　開元占十五

月暈十二重天下牛亡　開元占十五

月暈翼軫軍在外戰亡其偏將　開元占十五

月暈有雲貫不出其年所值之國有喪　開元占十六

正月三暈者民好鬭下有死亡歲大惡（乾象通鑑）

月犯辰星天下有水（乾象通鑑）

星者陰精也五行之形其體在下精燿在天百官之本

各因其原星飛反行萬民不安大星隕下陽失其位災

害之萌也其救也人君當悔過反政克己責躬省徭役

安國封侯以窴民為先則宿正也（開元占經七十六 又開元占經十三）

星與月同光臣下作亂（乾象通鑑 開元占經云星與月同光臣下）

與月同光臣下作亂人民（又一引京氏云星）

能亂君則人民非上又非上令不行

月中有星天下有賊星多者賊多（乾象通鑑 開元占經七十七）

有流星於北斗旁明如炬火長六七尺如繪布賊臣專

制天下期三年（乾象通鑑 開元占 引京氏同）

潛龍勿用眾逆同志至德乃潛厥異風其風也行不解
物不長雨小而傷政悖德隱茲謂亂厥風先風不雨大
風暴起發屋折木守義不進茲謂耄厥風與雲俱起折
五穀莖臣易上政茲謂不順厥風大焱發屋賦斂不理
茲謂禍厥風絕經紀止卽溫溫卽蟲侯專封茲謂不統
厥風疾而樹不搖穀不成碎不思道利茲謂無澤厥風
不搖木旱無雲傷禾公常於利茲謂亂厥風微而溫生
蟲蝗害五穀棄正作沽茲謂惑厥風溫蜮蟲起害有益
人之物侯不朝茲謂叛厥風無恆地變赤而殺人漢書
志下之上宋書五行志五引耄作昈焱作飆地變赤
而殺人作地變赤雨殺人餘同北魏靈徵志下引眾
逆同志至德乃潛厥風隋書五行志下引眾逆同志暴
至德乃潛厥異風御覽咎徵部引眾逆同志暴風將

后專拜厥風疾而樹不搖不循道厥風不搖草 <small>御覽咎徵部</small>

冬天下饑春雨有小兵 <small>南齊書十五行志</small>

臣私祿及親茲謂罔辟厥異蒙其蒙先大溫已蒙起日

不見行善不請於上茲謂作福蒙一日五起五解辟不

下謀臣辟異道茲謂不見上蒙下霧風三變而俱解立

嗣子疑茲謂動欲蒙赤日不明德不序茲謂不聽蒙日

不明溫而民病德不試空言祿茲謂主窳臣天蒙起而

白君樂逸人茲謂放蒙日青黑雲夾日左右前後行過

日公不任職茲謂怙祿蒙三日又大風五日蒙不解利

日以食茲謂閉上蒙大起白雲如山行蔽日公懼不言

道茲謂薇下蒙大起日不見若雨不雨至十二日解而
有大雲薇日祿生於下茲謂誣君蒙微而小雨已乃大
雨下相攘善茲謂盜明蒙黃濁下陳功求於上茲謂不
知蒙微而赤風鳴條解復蒙下專刑茲謂分威蒙而日
不得明大臣厭小臣茲謂薇蒙微日不明若解不解大
風發赤雲起而薇日眾不惡惡茲謂薇蒙尊卦用事三
日而起日不見漏言無喜茲謂下厝用蒙微日無光有
雨雲雨不降廢忠惑佞茲謂亡蒙天先清而暴蒙微而
日不明有逸民茲謂蒙濁奪日光公不任職茲謂
不紲蒙白三辰止則日青青而寒寒必雨忠臣進善君
不試茲謂過蒙先小雨雨已蒙起微而日不明惑眾在

易學經典文庫

位茲謂覆國蒙微而日不明一溫一寒風揚塵知佞厚

之茲謂痺蒙甚而溫君臣故弼茲謂悖厥災風雨霧風

拔木亂五穀已而大霧庶正蔽惡茲謂生孼災厥異常霧

此皆陰雲之類云　漢書五行志下之上引臣私祿及親至茲謂分威蒙而

日不得明同　又開元占經九十八乾象通　晉書五行志

鑑引外傳云臣專刑茲謂分威蒙微而日不明

久陰不雨亂氣也蒙之比也蒙者君臣上下相冒亂也

傳引易内傳　後漢書郎顗傳

引易内傳

賢德不用厥異常陰　後漢書

赤雲如莞蜀國當富　北堂書鈔天部

漢川有黑雲大如席不出五日必雨名曰海雲　北堂書鈔天部

四至見青白赤黑雲在東南西北名曰四塞之雲也　北堂

有蜺蒙霧霧上下合也蒙如塵雲蜺日旁氣也其占曰

后妃有專蜺再重赤而專至衝旱妻不壹順黑蜺四背

又白蜺雙出日中妻以貴高夫茲謂擅陽蜺四方日光

不揚解而溫內取茲謂禽蜺如禽在日旁以尊降妃茲

謂薄嗣蜺直而塞六辰迺除夜星見而赤女不變始茲

謂乘夫蜺白在日側黑蜺果之氣正直而妻不順正茲謂

擅陽蜺中窺貫而外專夫妻不嚴茲謂媒蜺與日會婦

人擅國茲謂頃蜺白貫日中赤蜺四背適不答茲謂不

次蜺直在左蜺交在右取於不專茲謂危嗣蜺抱日兩

未及君淫外茲謂亡蜺氣左日交於外取不達茲謂不

知蜺白奪明而大溫溫而雨尊卑不別茲謂蝶蜺三出

三巳三辰除則日出且雨（漢書五行志下之上）又乾象通鑑引雲蜺俱旁氣也至

又初學記天部引蜺旁氣也

占經九十八引白虹雙出日中妻以貴驕夫又白虹在

日側黑蜺裏之氣又正直妻不從正不別卽日雨韋昭注

國蜺奪日明而火濕溫而雨尊卑不別列宿虹蜺出莫之政指朝隮於

又引京氏曰蜺與日會婦人擅

西崇朝其從寅至辰日蜺出三巳三辰除則日雨章昭注

夫婦過禮則虹氣盛（詩曰蠕蝀在東莫之敢指朝隮於）

后妃擅國白虹貫日（宋書五行志五）

行志五

赤虹與日俱出其所之有急（開元占經九十八）

白虹其下有流血（開元占經九十八）

蜺之比無德以色親也（後漢書五行志五引京氏云后妃無德以）

九十八引京氏云后妃無德以

色親

君

公能其事序賢進士後必有喜反之則白虹貫日以甲

乙見則譴在中台　後漢書　郎顗傳

與兵妄誅茲謂無法厥災霜夏殺五穀冬殺麥誅不原

情茲謂不仁其霜夏先大雷風冬先雨迺隕霜有芒角

賢聖遭害其霜附木不下地伭人依刑茲謂私賊其霜

在草根土隙閒不教而誅茲謂虐其霜反在草下　漢書五行

志中之下　朱書五行志四　北魏靈徵志上引與兵妄

妄誅茲謂無法厥災霜夏先大風又隋書五行志下引

誅謂亡法厥罰霜　又初學記天部引誅不原情其霜

附木不下地不教而誅茲謂虐其霜殺五穀誅不原情茲謂不仁

引同在草下又開元占經一百一　又白孔六帖一

引同　又太平御覽天部引同在草下又開元占經一百一

引京氏云與兵妄誅厥災夏霜殺五穀夏霜殺五穀賢聖遭害其霜

不仁冬先雨乃隕霜有芒角夏霜殺五穀誅不原情茲謂不入

引仁冬先雨乃隕霜

地　又御覽引同

四夷部引同

臣有綏茲謂不順厥異霜不殺也 漢書五行志中之下

人君刑罰妄行則天應之以隕霜 隋書五行志下

夏雨雪戒臣為亂 四 漢書五行志中之下 宋書五行志 御覽咎徵部引夏雨雪臣為亂

乾象通鑑引 夏雪戒臣為亂

人君惡聞其過抑賢用邪則雹與雨俱信讒殺無罪則 隋書五行志上

下毀屋破車殺牛馬 隋書五行志上

飛雹下盡樹木之害五穀者君賦斂刻民也 御覽天部

當雹不雹陽德弱也 後漢書郎顗傳 初學記天部 開元占經一百二引 御覽天部

京氏云當雷不雷太陽弱

震擊臣門及屋者不出三年佞臣被誅 隋書五行志上

祿不遂行茲謂欺厥咎奧雨雪四至而溫臣安祿樂逸

茲謂亂奧而生蟲知罪不誅茲謂亡徵其咎當寒而奧

則暑殺人冬、
則物華實冬、

六日也
又舊唐書志第十七五行志上引夏

逸茲謂亂煥而生蟲知罪不誅茲謂舒其煥夏則暑殺人冬則物華實重過不誅茲謂亡徵其咎當寒而煥夏

漢書五行志中之下引祿樂不
至而溫臣安祿樂

晉書五行志中引祿樂不臣安祿樂殺

有德遭險茲謂逆命厥異寒誅過深當奧而寒盡六日

亦為雹害正不誅茲謂養賊寒七十二日殺蜚禽道人

始去茲謂傷其寒物無霜而死涌水出戰不量敵茲謂

辱命其寒雖雨物不茂聞善不予厥咎聾中之下御
覽天部引有德遭險茲謂逆命厥異春秋寒運斗樞日
行失則雖當煥而寒隋書五行志上引有德遭險茲

同謂逆命厥異寒又御覽咎徵部
謂逆命厥異寒
同開元占經一百一引京氏同

顙事有知，誅罰絕理，厥災水，其水也雨殺人，以隕霜大風，天黃飢而不損。茲謂泰，厥災水，水殺人，辟遏有德。茲謂狂，厥災水，水流殺人。已水則地生蟲歸獄，不解茲謂追非，厥水寒殺人，追誅不解，茲謂不理，厥水五穀不收。鄭元五行傳

大敗不解，茲謂皆陰，解舍也，王者於大敗誅首惡，救其眾，不則皆面陰氣，厥水流入國邑，隕霜殺菽。

眾不則皆面陰氣，厥水流入國邑，隕霜殺菽。漢書五行志上後

漢書五行志三引無解舍也，至陰氣二十字。宋書五行志四引同，隋書五行志下

引顙事有智，厥災水。漢書五行志中之下

天子弱諸侯力政，厥異水鬭水流。漢書五行志中之下

君湎於酒淫於色，賢人潛，國家危，厥異流水赤也。漢書五行

志中之下引淫於色賢人潛國家危厥異水流
五行志三引淫於色賢人潛國家危厥異流水
開元占經一百御覽地部
宋書五行

君臣相絕厥異名水絕<sub></sub>漢書五行志下之上

河水清天下平　後漢書襄楷傳

河水溢三公黜　北堂書鈔政術部

欲德不用茲謂張厥災荒荒旱也其旱陰雲不雨變而赤因而除師出過時茲謂廣其旱不生上下皆蔽茲謂隔其旱天赤三月時有雹殺飛禽上緣求妃茲謂僭其旱三月大溫亡雲居高臺府茲謂犯陰侵陽其旱萬物根死數有火災庶位踰節茲謂僭其旱澤物枯為火所傷

漢書五行志中之下　後漢書五行志一引除師出晉書五行志下引因而之而作四　宋書五行志同除作除陰眾餘同　作四陰眾餘同　二引赤因作赤煙餘同

陽無德則旱陰僭陽亦旱　後漢書郎顗傳

人君無惠澤於下則小旱　太平御覽天部

君不思道厥妖火燒宮　漢書五行志二　後漢書五行志中之上　宋書五行志下　舊唐書志第十七五行志引作君不思道天火　南齊書十九五行志下　隋書五行志下

君子不思遵利茲謂無澤厥災孽火燒其室　後漢書五行志中之上　隋書五行志下

君不思道天火爇其宮室　後漢書郎顗傳

君高臺府犯陰侵陽厥災火　後漢書郎顗傳

上不儉下不節盛火數起燔宮室　晉書五行志下　後漢書五行志二　宋書五行志三　舊唐書志第十七五行志引上不儉下不節炎火並作燒宮室　魏書天象志三

節礜火燒其室

君高其臺天火為災　魏書天象志三　宋書五行志三　晉書五行志中

小人剝廬厥妖山崩茲謂陰乘陽弱勝強　漢書五行志下之上　宋書五行志

書五行志二　開元占經九十九

引山崩陰乘陽弱勝強戰必亡

復崩來無咎自上下者爲崩厥應泰山之石顛而下聖

人受命人君虜　漢書五行志下之上　宋書五行志三引無首五字餘同

石立如人庶士爲天下雄立於山同姓平地異姓立於

水聖人於澤小人　漢書五行志下之上　宋書五行志二引石立如人庶人爲天下雄

山默然自移天下有兵社稷亡　法苑珠林第七十二

大石自立庶士爲天子之祥也　晉書五行志上

山見葆江於邑邑有兵狀如人頭赤色　晉書五行志下

國山崩君失政女戚擅權五年敗　開元占經一百

邑山崩邑有戰主亡或大水　開元占經一百

飢而不損茲謂泰厥災木厥咎牡亡妖辭曰關動牡飛

辟為亡道，臣為非，厥咎亂臣謀篡。（漢書五行志中之上）

枯楊生梯，枯木復生，人君無子。（漢書五行志中之下）

王德衰，下人將起，則有木生為人狀。上（志中之下　漢書五行志下之　後漢書五行志）

志二　法苑珠林第七十二

棄正作淫，厥妖木斷自屬，如后有專，木仆反立斷枯復（漢書五行志中之下　晉書五行志中引　隋書五行志）

生，天辟惡之。（漢書五行志中之下　棄正作淫厥妖木斷自屬如后有專木仆反立斷枯復生）

木同本異枝，其君有慶，鄰邑來附者吉。木生於君屋上

及朝廷，其君聖子，木王而有實，其國有慶。木生於城脅

一圍以上，長數丈，此謂城強，其君大昌。（藝文類聚祥瑞部開元占經一百十二引樹同本異末君有慶諸侯朝木生於君屋上及朝廷其君有聖子御覽休徵部引君有德生聖）

子則木生屋上及朝廷君德強國有慶則

木生城脅一尺圍以上長數丈此謂臣強

樹枯冬生不出二年國喪君子亡　南齊書十　九五行志

木冬生花天下有喪　南齊書十　九五行志

水忽於一夜大圍以上長數丈則爲臣強其君　開元占經一百

二十

占經一百二十二

木枯而生不及二年國有大喪君近色其寵人爲主　開元

枯楊生花國君當之　開元占經一百二十二

黍生花大君有憂相亡去稱生花大君憂大臣死　開元占經

一百二十二

蓮葉繁興歲不熟　開元占經一百十二

聯孤見豕負塗厥妖人生兩頭下相攘善妖亦同人若

六畜首目在下茲謂亡上正將變更凡妖之作以譴失

正各象其類二首下不壹也足多所任邪也足少下不

勝任或不任下也凡下體生於上不敬也上體生於下

媟瀆也生非其類淫亂也人生而大上速成也生而能

言好虛也羣妖推此類不改乃成凶也

漢書五行志之上

又宋書五
行志五
宋書五
行志

又晉書五
行志五宋
書五行志

行志四引凡妖作各象其類
多者任所邪也足少者下不勝任邪也
書五行志三引同
又法苑珠林第七

上引凡妖象其類
足少者任所邪也
又北魏書五
靈徵志

行志四引凡
妖象其類
足少者下
不勝任邪也

少不勝任下體生於上不敬也上
生非其類淫亂也生而能言好
虛也

幹父之蠱有子考亡咎子三年不改父道思慕不皇亦

京氏易八卷（清《木犀軒叢書》刊本）

重見先人之非不則爲私厥妖人死復生 漢書五行志

經一百十三引易占云子不三年 開元占

改父之道則爲私厥妖人死復生

行不順厥咎人奴冠天下亂辟無適妾子拜 漢書五行志上

生非其類子不嗣 法苑珠林第七十九 漢書五行志中之下 開元

生赤毛 漢書五行志中之下

尊卑不別厥妖女生赤毛 占經一百十三引人君尊卑

無別則女

生赤毛

君暴亂疾有道厥妖長狄入國 漢書五行志下之上

豐其屋下獨苦長狄生世主虜 漢書五行志中之下

女子化爲丈夫茲謂陰昌賤人爲王丈夫化爲女子茲

謂陰勝厥咎亡 漢書五行志中之上 宋書隋書五行志

下引茲謂陰 法苑珠林第二十五

昌賤人爲王

男化為女宮刑濫也女化為男婦政行也　漢書五行志下之上

至陰為陽下人為上　漢書五行志下之上　後漢書

冢宰專政厥妖人生角　法苑珠林第二十五　漢書五行志五　宋書五行志三

妖言動眾茲謂不信路將亡人司馬死　漢書五行志中之上

生子二胸以上民謀其主三手以上臣謀其主二口以

上國見驚以兵三耳巳上是謂多聽國事無定二鼻以

上國主久病三足三臂巳上天下有兵　南齊書十九五行志　開元占

經一百十三引易占云人生有三手以上臣謀主人生

子有二口以上國主見驚以兵人生有三耳以上有兵

多方其國無王是謂多聰國事無定人生有三足三

三臂有反臣人生三足三足是謂非常天下有兵

人自地出君有憂民散流國亡地　開元占經一百十三

言之不知則人生能言天使代其言也　開元占經一百十二

人生而能言言善則善言惡則惡此國之因<sub></sub>開元占經一百十二

死人復行五穀不登兵革大起<sub></sub>開元占經一百十三

小人在位上下咸悖厥妖城門內崩<sub></sub>漢書五行志中之上晉書五行志

中引上下咸悖厥妖城門壞<sub></sub>宋書五行志

一引同開元占經一百十四引易占同

君門戶無故自闔臣殺其君<sub></sub>開元占經一百十四

國門無故夜自開且有晝閉之憂<sub></sub>開元占經一百十四

城門無故不可開國有憂<sub></sub>開元占經一百十四

君門無故不可開者君凶人家亦然<sub></sub>開元占經一百十四

邑中屋無故自動動而大聲者邑且虛<sub></sub>開元占經一百十四

君牀無故自動君且移居<sub></sub>開元占經一百十四

上下流通聖賢昌厥應德鳳皇翔萬民喜樂無咎殊書宋

聖人受命厥應鳳皇下天子虜 行志二 宋書五

鳳皇高丈二 爾雅釋獸疏 行志二 宋書五

有始無終厥妖雄雞自齧斷其尾 宋書五行志四

雞知時知時者當死 漢書五行志中之下

賢者居明夷之世知時而傷或眾在位厥妖雞生角雞 宋書五行志四

生角時主獨 漢書五行志中之下

婦人顓政國不靜牝雞雄鳴主不榮 漢書五行志中之下 晉書五行志

上引牝雞雄鳴主不榮

雞小畜猶小臣也角者兵之象在上君之戚也此小臣 北魏靈徵志上

執事者將秉君之威以生亂不治之害

君用婦人言則雞生妖 下 宋書五行志一 晉書五行志 新唐書二十四五行志引

君用婦言則雞生妖

逆親親厥妖黑白鳥鬭於國 漢書五行志中之下

專征劫殺厥妖烏鵲鬭 漢書五行志中之下 法苑珠林第六十六

避退有德厥咎狂厥妖水鳥集於國中 隋書五行志 晉書五行志

上引中作井 宋書五行志三引同

人君暴虐鳥焚其舍 漢書五行志中之下 隋書五行志

賊臣在國厥咎燕生爵諸侯銷 漢書五行志中之下引賊臣 隋書五行志下引賊臣

在國厥妖鷰生雀雀生鷰 法苑珠林第七十九引賊臣在國厥咎燕生雄雀

距諫自強茲謂卻行厥異鴟退飛適當黜則鴟退飛 漢書五行志中之下

伯勞聚邑中歲大水伯勞鳴軍中師分而水且至鳴於

君之宮凶 <sub></sub>御覽羽族部

聖人清靜行中正賢人至民從命厥應麒麟來 宋書五行志二

麕麕身牛尾狼額馬蹄有五彩腹下黃高丈二 爾雅釋獸疏
開元占經一百十六引京房曰麒麟麕身牛尾馬蹄有五彩腹下黃高丈二尺毛長
爾雅釋獸疏引莊十

廢正作淫大不明國多麋
為火不明國多麋又北堂書鈔
歲時部引廢正作淫火不明也

震遂泥厥咎國多麋
漢書五行志中之上

執政失下將害之厥妖狗生角君子苟免小人陷之厥
舊唐書志第十七五

妖狗生角
漢書五行志中之上行志引易占云狗生角執政失將害之應又

則狗生角
日君子危陷

夫婦不嚴厥妖狗與豕交茲謂反德國有兵革 漢書五行志中
之上 開元占經一
百十九引易占同

君不正臣欲篡厥妖狗冠出朝門 漢書五行志中之上
引君不正臣欲篡厥妖狗冠出 後漢書五行志一
開元占經一百十九引易占同

讒臣在側則犬生妖 晉書五行志中 開元占經一百
十九引易占云佞臣在側則犬生
妖

小人不義而反尊榮則虎食人 後漢書劉昭補注引

君行無道將害民庶虎食人 漢名臣奏張文疏
一百十六 開元占經

君將無道害將及人去深山以全身厥災狼食人 後漢書五

興徭役奪民時厥妖牛生五足 漢書五行志中之上
書五行志下 行志一隋 法苑珠林第七十九

又開元占經一百
十七引易占同

牛少者穀不成〔隋書五行志下〕同

方伯分威厥妖牡馬生子亡天子諸侯相伐厥妖馬生〔漢書五行志五〕

人臣易上政不順厥妖馬生角茲謂賢士不足〔漢書五行志下〕

馬生駒下不順政厥妖馬生角茲謂方伯分威厥妖牡馬生角兹謂賢士不足宋書五行志五行志下之上

元占經一百十八引易占云方伯分威厥妖馬生角兹謂賢士不足

流亡宋書五行志五行志五引臣相伐厥妖馬生牡角

天子親伐馬生角〔漢書五行志隋書五行志五行志下之上〕

馬生人之上後漢書五行志第七十九引上亡天子諸侯相伐厥妖馬生牡角茲謂方伯分威厥妖馬生角兹謂隋書五行志五行志下引方伯分威厥妖馬生人一日人開元

犬羣嘷國將亡〔開元占經一百一十九〕

百十八引易占同

眾心不安君政厥妖豕入居室〔漢書五行志中之上〕開元占經一百

野獸入邑其邑大虛　南齊書十九五行志　又開
元占經一百十六引易占同　南齊書

野獸無故入邑朝廷門及宮府中者邑逆且虛
十九五

志行

祭天不慎厥妖鼮鼠齧郊牛角　漢書五行
志中之上

子不子鼠食其郊牛　漢書五行
志中之上

誅不原情厥妖鼠舞門　漢書五行
志中之上

臣私祿罔辟厥妖鼠巢　漢書五行志
中之上　法苑珠林第二十四

黃龍見天災將至天子紲聖人出　宋書五
行志二

冬龍見天子亡社稷大人應天命之符　宋書五
行志二

眾心不安厥妖龍鬥　漢書五行志中
之上　法苑珠林第二十四

有德遭害厥妖龍見井中　漢書五行志中之上
法苑珠林第二十四　開元占經

一百二十
引易占同

行刑暴惡黑龍從井出　漢書五行志中之上　開元占
經一百二十引易占云君行暴

惡黑龍從
井中出

立嗣子疑厥妖蛇居國門闕　漢書五行
志中之上

蛇見將軍營中師罷出則軍中將軍得志或曰得士　開元

占經一
百二十

眾逆同志厥妖河魚逆流上　漢書五行志下之上　開
元占經一百二十引易占

云眾逆同志厥
妖河魚逆
上

海數見巨魚邪人進賢人疏　漢書五行志下之上　後
漢書劉昭補注引海出巨

魚邪人進賢人疏　開元
占經一百二十引易占同

青魚去水飛入道兵將起　開元占經
一百二十

臣安祿茲謂貪厥災蟲蟲食根德無常茲謂煩蟲食葉

不紲無德蟲食本與東作爭茲謂不時蟲食節薇惡生

蟿蟲食心 引易占云臣安祿厥災蟲食根不紲無德蟲（漢書五行志下之上 開元占經一百二十）

食本（食）

德無節蟲食葉蠥惡生蟿蟲食苗心王者與諸侯爭蟲

食苗節莖（藝文類聚 災異部）

大作不時天降災厥咎蝗蟲來（後漢書五行志三 又 劉昭補注引續漢志）

忠臣進善君不試厥咎國生蟘（莊十有八年穀梁注 漢書五行志中之上）

京氏易卷二終

# 京氏易卷三

漢　魏郡太守京房　撰

庚申科舉人充
實錄館校錄候選知縣王保訓　集

## 易占上

臨獄不解，茲謂進非，厥咎天雨血。天雨血者，茲謂不親。【茲謂不親，黔首怨之，不出三年，亡其宗人。行志中之上引易傳云：歸獄不解，茲謂追非，厥咎天雨血。民有怨心，不出三年，無其宗，追非厥咎天雨血。開元占經三、又引云天雨血、又漢書五、又晉書、又晉書、又晉書五行志中、又宋書五行志中。】

民有怨咎，不出三年，亡其宗，佞人用功。【民有怨咎，不出三年，亡其宗，佞人用功。開元占經三、漢書五行志中之上引易傳云、又晉書五行志中引易傳同、又宋書五行志中。】

天雨毛，邪人進，賢人逃，貴人走。【邪人進，賢人逃，貴人走，天雨毛。開元占經三、漢書五行志中之上引易傳云、又晉書五行志中、又晉書五行志、乾象通鑑俱引易傳同、又宋書五行志中。】

引易妖占云天雨毛羽貴人出走三占皆應
又宋書五行志二乾象通鑑俱引易妖占同

天雨金銀兵將興失道之君當之雨金 謹案秦穆公十八年雨金 開元占經三

天雨石爲政者僞詐妄行質信不施國君死亡 開元占經三

天雨釜歲大熟 北堂書鈔歲時部引易逆刺云天雨金甑歲一熟 又御覽器物部一熟

天雨穀歲大熟 北堂書鈔歲時部百穀部 又藝文類聚百穀部 又御覽時序部百穀部俱引易逆刺

地動陰高者爲下下者爲陽此人君俱進君子爲小人

同倫小人爲上宰置君子於下位此陰高而陽卑也故

反也害及大人 開元占經四

地生血賊必來攻凶急去勿留 開元占經四

山無故自下陷天下兵作 開元占經四

日中有黑子黑者陰也臣不掩君惡令下見百姓惡君

臣不掩君惡令下見於百姓百姓惡君則日變中有黑

者陰也皆日
出入時也

臣有蔽主明者　晉書天文交志中

日無故日夕無光天下變枯社稷移主　後漢書劉昭補注

國有讒佞朝有殘臣則日不光闇冥不明　後漢書劉昭補注

察天不順厥異日赤其中有黑　開元占經五　漢書五行志中之下引易傳云

祭天不順茲謂逆厥異日赤其中黑

日變色青為飢與憂赤為爭與兵黃為德與善白為旱　開元占經五

與喪黑為水民半死　開元占經五

日赤如赭布如灰不出其歲有大將死於野　開元占經五

日有黑光不出六十日有大水傷五穀空屋所見之國

糴貴十倍二旬乃止<sub>開元占</sub>經五

救黃經云賢者之言行之而蔽其人有以其美以自揚

厥異曰色黃黃者中和色喻美行也人君內有賢臣卒

得其位保其社稷人君自知非其德行所能假稱揚其

人則復矣<sub>開元占</sub>經五

救赤經云人君不學道無以教下發號令動言百姓曰

應之而赤人君聽用仁賢尊之如賓客恭默思道則復

矣<sub>開元占</sub>經五

救黑經云臣不能進諫其君怨吝在百姓故曰黑人主

當憂勞求賢罷左右強臣則黑除矣<sub>開元占</sub>經五

救白經云人君倥弱海內咸貧曰白六旬不可復變未

滿六旬求任賢臣抗武揚威誅罰爲非則復矣　開元占經五

日者太陽之精萌於東盛於南其色赤今乃青青東方　開元占經五

少陽色也謂人君微弱國無賢輔則致此災不救日蝕

爲災其救也牽股肱正台輔任忠直報功能立將軍修

城郭　開元占經五

日有青光不出二旬大風糴貴斗米二錢一歲五見糴

倍十見以上民多疾疫不出一年　開元占經五

日青君弱臣強君無知也黃間若不與也黑慈日中有

若飛鵠者也八九十日越甍於項也　開元占經五

日未入二竿亭亭無光所舍國君多死日出三日無光

國乃不昌　開元占經五

天下雲盡赤日無光三十日者有大兵王者亡五十日

者兵且作大飢民亡七十日者有大殃亡主兵作大飢

九十日者社稷亡百二十日者邑墟亡 開元占

日月大無光國無王民不安天下有兵 開元占

日失光明主令不行民飢流亡 開元占

日無故久無光天下不彰社稷隕亡 開元占

日月皆無光則淵涸山崩王者惡之 開元占

奸臣盛日晝昏 易妖占云奸臣盛則日晝昧 開元占 乾象通鑑引

日中有烏見主失明爲政者亂 開元占

祭天不順茲謂逆日中有黑子 開元占經六 又晉書不順

茲謂逆厥異日中有黑氣 五行志中引祭天不順

日中有黑雲若赤若青若黃乍五乍十乍三主天子崩

日有白雲貫天下有白徒之眾三年至其黑雲天下有

謀不成　開元占經六

候日無色其中有赤氣大如爪踊躍爲人君絕命　開元占經

六

日小主君賞賜不當　開元占經六

日中分不出五年國亡　開元占經六

電奪日光日中破軍滅國一日陰勝陽臣勝君兩敵相

當客勝　開元占經六

日無半則國破亡兩敵相當　開元占經六

京氏易八卷（清《木犀軒叢書》刊本）

日夜出是謂陰反陽不出二年天下見大兵不出一年

有大水在所見處之國天下不安<sub></sub>開元占經六

日暮而出是謂陰重天下見兵開元占經六

日出於夕人君不祥社稷亡開元占經六

日再中帝王窮開元占經六

日出復入日入復出主降臣開元占經六

日出復下日入復高日入復見爲還天下大亂期三年開元占經六

日暮入復出天下亡開元占經六

日出於午天子失國日出於巳天子失明令不行開元占經六

六

兩日並出是謂諸侯有謀自底滅亡天下兵興無道之臣舉兵亡 經六 開元占

兩日並出天下爭王先滅亡視在方 經六 開元占

兩日並出是謂並明假主爭明天下有兩主 經六 開元占

日並出無道之臣為君爭功德先舉兵者昌後舉兵者亡 經六 開元占

三日並出大臣爭奪主政三日並出不出三旬諸侯爭為王 經六 開元占

二日三日四日五日並出此謂爭明天下兵作亦主三四五六主立 經六 開元占

兩日鬪天下爭三日鬪法如雞鬪相搏當視先滅以決

京氏易八卷（清《木犀軒叢書》刊本）

其事

日鬭常以日出至食時以鬭鬭後烏見六十日王者亡

地若烏不見不爲鬭凡日鬭不及三年下有拔城大戰

齊燕多水

日赤黑比鬭者其國分不出三年中食人大小民饑亡

日鬭黃者爲中勝中國強青者爲左勝左國強白者爲

右勝右國強赤者爲前勝前國強黑者爲后勝后國強

不勝者將有殃

日鬭有變暈日蝕君死日皆傷兵起

日有三珥人君有女子憂

日出四珥將軍亡日入四珥有大兵 開元占經七

日朝五珥國憂兵起夕珥臨日兩旁必有大客來言北

七

氣清外赤內曲向日月為抱兩暈相當順抱者勝 開元占經

方之事 開元占經七

七

氣向日月為抱抱多者來親附者眾多也 開元占經七

氣抱日為和親見者其臣欲親 開元占經七

日中赤外青曲向外名為背 開元占經七

偏交在日傍從交在日傍從交所擊者勝 開元占經七

日四提不出三年有大兵有大飢 開元占經七

日六提國君當之宜防 開元占經七

日抱一背爲破走抱者順氣也背者逆氣也兩軍相當

順抱擊逆者勝故言破走 開元占

日背珥在日之南及其三方者其國有反臣 開元占

日月背珥其國有反者 開元占
經七

日重暈天下有立王暈而弭天下有立侯 宋書
經七 行志五

日暈有兵在外者主人不勝宜客 開元占
經八

日暈若井垣若車輪二國皆兵亡 開元占
經八

日有黃暈一重人主有喜 開元占
經八

日暈而珥宮中多事后宮分爭七日不雨審察宮中 開元
占經
八

日暈重有四負殃大國亂若三日大雨不止 開元占
經八

日暈戴抱珥其色皆赤內青外清明卽國家有吉賀喜

開元占經八

日暈有四珥各四背珥期六十日羣臣有異謀者有急

事閉關不行使天下更命三日雨不止四背白氣干之

其端青赤是妃與臣下其謀其君 開元占經入

日暈背氣有暈中此爲不和分離相去其色青外中赤

忠臣命受主有所之 一作爲 兩軍相當中人軍欲降叛於

外也 開元占經入

日暈而背四如大車者四提設其國眾在外有反臣 開元占

日暈直氣貫暈中其色白將失順其氣攻破軍 開元占經入

日暈而且冠三重日下有虹行正長數丈不出其年有

反者貴人絕後有兵飢　開元占

凡日出虹暈主分地日入虹暈諸侯分地黑者以兵分　開元經八

地白者以喪分地也　開元占經八

日暈不合有雲如牛在暈外來入暈中臣不服奸叛　開元

占經八

日暈有氣如毛羽臨日不去國有大兵憂　開元占經八

日重暈有德之君得天下　開元經八占

日蝕占日日之將蝕也五龍先見於日旁青龍見於日

左以春蝕赤龍見於日上以夏蝕黃龍見於日中央以

六月蝕白龍見於日右以秋蝕黑龍見於日下以冬蝕

易學經典文庫

欲候此龍見日蝕法當以五寅日候之春以甲寅夏以

丙寅六月下旬以戊寅秋以庚寅冬以壬寅此所謂五

寅也置盆水庭中平旦至暮視之則龍見欲知何月孟

月以孟仲月以仲季月以季欲知何日蝕龍以上旬見

日以朔蝕龍以下旬見日以晦蝕龍以日出見以日出

蝕龍以日中見日中蝕龍以晡時見日以晡時蝕龍

以日入見日以日入蝕 <sub>開元占</sub><sub>經九</sub>

日失魄者將蝕月失魄者水所謂失者日光精移處若

有兩日也 <sub>開元</sub><sub>經九占</sub>

外交之蝕蝕旦不虧虧而地猶明是外謀也 <sub>開元占</sub><sub>經九</sub>

專政之蝕日明缺至陽雖侵光猶明是司馬舉兵欲起

經九

日蝕諸侯相侵白青明君弱 開元占

日蝕國有兵大戰從西方來勝 經九 開元占

日蝕王爲君蝕相爲臣蝕四爲罪人蝕死爲蠻夷蝕休 經九 開元占經九

爲民蝕有兵其兵從陰所來日蝕後必通水在陰所來 開元占

在於三年之內又必有火燒屋之變 一作主有火焚屋宇 開元占經九

日始出而蝕是謂棄光齊楚王 經九 開元占

日蝕上者君爲其僞佞人而安用之故尊卑失禮責於

尊者故天見亡君之象 經九 開元占

日蝕內者君卽朝臨政厲心爲治不疑臣下臣下以邪

亂君政故天見亡臣之象故臣當之 經九 開元占

易學經典文庫

日蝕從中中青赤外黃國亡又日中人爲亂開元占

日蝕從下起失民人君疑於賢者爲不肖不用其政教

故天見亡民之象也以人君尊天將亡君必先喪其民

蝕者侵削之意也開元占

日蝕從下起民多死一日下人爲寇開元占

日蝕光清無雲三日乃蝕蝕已天鳴蝕左右此臣與君

爭美尸大功日君也所以有功者我也心生慕意起之

蝕也後九年臣謀君六年成開元占

日蝕左爲噬嗑火燒民開元占

日蝕從旁起者爲兵從其方起黎庶爲亂開元占

日蝕從右旁者君親作惑道虎狼之行開元占

日蝕右皆為資火燒諸侯必有異災起 開元占經九

日蝕不盡相有出走者期八十日 開元占經九

日蝕盡日官不見直日者其國有喪 開元占經九

日蝕日光明先青赤白黑而蝕蝕黑貫白中日明此聖

德之臣行兵誅伐小人左右不義之臣擅以誅伐為事

所謂無命而征與弒君同之蝕也後五年殺 開元占經九

日青並蝕惟命是爭誅日赤並蝕自殺日黃並蝕其下

得土日黑並蝕自殺 開元占經九

日以甲乙有四珥而蝕有白雲衝出四角青雲交貫中

央天下有兵日以丙丁有四珥而蝕有黑雲衝出天下

有大水日以戊己有四珥而蝕下有青雲衝出天下兵

行日以庚辛有二珥而蝕從上始有赤雲出西方天下

有繫王日以壬癸有二珥而蝕從上而下天下起兵從

下而上其國有大喪 開元占 經九

日蝕轉爲五色而蝕白虹見於日旁光拚拚此嫡讓庶

之蝕也後三年尊坐無處 開元占 經九

日蝕有雲如坐人於上者主安居下臣安 開元占 經九

日蝕有如兔守日政令不由君或君不用賢澤不下施

則高岸爲谷深谷爲陵發於衝 開元占 經九

日蝕盛中時黑乃蝕之從內□□□□□□□地中鳴此

京師諸侯叛羣下與外土諸侯交亂法度之蝕後人君

亡國臣伏其殃 開元占 經九

日蝕先地中鳴乃蝕蝕左右居雲中四方無雲先大風

三日此宰相專公謀反之蝕也後三年邽人謀反 開元占經

九

日蝕後霧霧不解地必震不過旬中 開元占經

諸侯更制茲爲叛厥蝕三蝕三復巳而風地動 開元占經

專制之蝕光散左右冠三蝕三復巳而風明日地必動 開元占經

是謂諸侯專制之變也後九年殺 開元占經

日蝕星墜復上此則斂重數下竭之蝕九年殺殘重賦 開元占經九

人君貪日蝕而星墜而前下也 開元占經九

日冬蝕相死不卽有逐也 開元占經十

甲子日蝕北夷欲殺中臣有謀反者大水在東方　乙

丑日蝕諸侯之臣欲弒其君在西北兵行不勝後有小

兵五穀破蟲傷　丙寅日蝕司徒欲弒君後有小旱在

東南　丁卯日蝕諸侯欲弒君在北方後有蟲蝗之殃

小旱在東南　戊辰日蝕同姓近臣欲蔽弒〔一作君〕後有

地動之變在東南　己巳日蝕婚嫁家欲弒君後有諸

侯謀在西南　庚午日蝕司徒欲弒其主必有兵行後

有大旱在南方　辛未日蝕司空欲弒君後有大旱在

東方　壬申日蝕諸侯相弒在東北方後有小兵寇盜

並行　癸酉日蝕上強天下謀兵不出其年有大兵行

始於西方　甲戌日蝕近臣欲弒君反為僇辱後有小

旱在西南　乙亥日蝕子欲弒父身獲虜後有陰雨一

日日蝕陰天下大亂　丙子日蝕諸侯欲相弒兵必行

在東方後有大水　丁丑日蝕諸侯近臣欲弒其君在

西北方後有小兵　戊寅日蝕異姓近臣欲弒其君後

歲旱土沸騰　己卯日蝕東夷欲殺後有大蟲　庚辰

日蝕君易賢以剛卒以自傷後有水在東北　辛巳日

蝕諸侯外親欲弒其君兵行暴至期衝兵起西北　壬

午日蝕三公與諸侯相賊弱其君王天應而蝕三公失

國後旱且水　癸未日蝕諸侯上侵臣下欲弒其君在

東北後有小蟲　甲申日蝕司馬大夫欲弒君後有小

水在晉　乙酉日蝕君弱臣強司馬將兵反征其主

丙戌日蝕同姓近臣欲弒其名後有大旱火從天墮

丁亥日蝕君臣無別司馬牧民司徒將兵後有蟲在西北方　戊子日蝕妻欲害夫九族夷滅後有大水在東方　己丑日蝕婚家欲弒後有小兵在西方　庚寅日蝕臣欲將兵誅過職身被刑殺後有小旱在東南方骨肉相殘　辛卯日蝕天子微弱諸侯謀兵欲弒其主卒反得其殃後有小蟲在東方　壬辰日蝕諸侯欲圖其君當誅日復蝕之後有大水在東方　癸巳日蝕諸侯隔絕轉相專柄（一作伐兵稍出）　甲午日蝕南夷欲弒其君後有大旱　乙未日蝕君責眾庶暴虐黎民背叛後有地動　丙申日蝕君暴死臣下橫恣上下相賊後有大

水　丁酉日蝕諸侯之臣欲弑其主身反獲傷後有大

兵起西北　戊戌日蝕婚姻家欲弑後有旱馬駸運

己亥日蝕主弱小人持政慾心成天應日蝕戒使精

庚子日蝕庶子欲弑嫡卒不得守臣征伐後有大水

辛丑日蝕賢者離散小人盛常欲弑主　壬寅日蝕諸

侯欲弑主及亡其國在東南後有小旱在東南　癸卯

日蝕諸侯非其君不順天子司徒亡國　一作諸侯非其司徒 天子不順司徒

亡後有大蟲　甲辰日蝕王后爵命絕後有水　乙巳

日蝕諸侯上侵以負自益近臣盜竊以為蓄積天子不

知日為之變　丙午日蝕親戚爭嗣同姓欲弑其主後

有大旱在南方　丁未日蝕執政欲弑司徒不肖後有

蟲地震動　戊申日蝕臣欲弒君意在王位後必有小

木諸侯爭　己酉日蝕西域欲弒君後有大兵必西行

庚戌日蝕司馬之卿欲弒君後有小旱　辛亥日蝕

司馬之大夫欲弒君反受其殃後有蟲害　壬子日蝕

諸侯同姓任政者欲弒其君大夫害　癸丑日蝕寇盜

行兵恐君王日爲不明　甲寅日蝕同姓大臣欲弒其

君後有旱　乙卯日蝕必有專政欲殺不出三年身被

其誅後有大蠱　丙辰日蝕帝命之極武王乃立　丁

巳日蝕天乃去惡依聖人後有小兵　戊午日蝕有婚

家執政賊由妻始後有旱　己未日蝕臣不安居陰謀

欲侵後地大動　庚申日蝕骨肉相賊後有水　辛酉

日蝕昆弟相殺更有國家後有兵火行亂三年不息

壬戌日蝕諸侯欲殺在西南　癸亥日蝕天下命終極

聖人更起不可救止後大雨水　劉昭補注引經十後漢書

蝕北夷侵忠臣有謀後大水在東方丙寅晦日有裸蟲之失乙亥朔日為之

小旱災丁卯晦日蝕諸侯欲殺後有小旱

蝕近臣欲殺身反殺辱後小旱

諸侯上侵以自益近臣盜竊以為積天子未知日為之

午朔庚辰朔日蝕三公與諸侯相賊弱其卒以自傷後有水而日蝕三

蝕君易賢以剛卒以自傷其君王天應而日蝕

公失國後旱且水朔日蝕君臣弱臣下橫恣上君弱臣

反征其王丁亥朔乙酉朔日蝕君暴虐臣下甲辰晦日蝕

欲害夫九族夷滅後蝕有大水後蝕君弱臣強司馬將兵

後有水丙申晦朔日蝕有大水庚寅晦日蝕妻

後有地動後戊朔日蝕君婚嫁家欲殺又晉書天文志中引君弱臣

強宋書五行志二引同

王后有壽余絕後司馬將兵反征其主

日蝕以甲乙四海之外不占蝕以丙丁江淮海岱戊巳

中州河濟庚辛華山以西壬癸恆山以北之君當之 開元

占經十

日蝕在角中其國不安一日貴臣有憂一日主農之官 憂 開元占經十

日蝕既下謀上也其救設七事正圖書修經術改惡爲

化己隨賢則國家安社稷寧 開元占經十

君幼弱月色青 開元占經十一

月大無光國無王民不安天下有兵 開元占經十一

月昏無光則淵涸山崩王者惡之 開元占經十一

月晝見必有亡國 開元占經十一

月當出而不出有陰謀有讒人天下亂 開元占經十一

月再中帝王窮 <sub>開元</sub>經<sub>十一</sub>

月並出為並明天下有兩王立相去二寸臣作亂滅其 <sub>開元占</sub>經<sub>十一</sub>

主 <sub>開元占</sub>經<sub>十一</sub>

月以子丑申入南斗後百八十有二日大赦無餘四 <sub>開元</sub> 占經 十三

月以九月十二月十三日暈昴及五車天下赦 <sub>開元占</sub>經<sub>十五</sub>

庚子後夜月暈軒轅後甲子有大赦 <sub>開元占</sub>經<sub>十六</sub>

月以庚子夜暈太微至後甲子有赦令 <sub>開元占</sub>經<sub>十六</sub>

月生三日無光魄其月必蝕 <sub>開元占</sub>經<sub>十七</sub>

月與日相沖分天下之半循於黃道烏兔相沖光盛威

重數盈理極危亡之災一時傾頓 <sub>一作</sub> 盡遂使太陽奪其

光華闇虛虧其體質小潛則小虧大驕則大滅此理數

之常然也〔開元占經十七〕

月春蝕歲惡將軍死國有憂夏蝕旱穀貴秋蝕羌兵起

冬蝕其國飢有女喪〔開元占經十七〕

樂不與則歲失行度二十三〔開元占經〕

人君不仁傷胎孕殺無辜則歲星失度星隕如雨不救

弟殺兄臣弒君其救也內慈仁敬讓外廣恩施惠無犯

四時歲星承度隕星上復列宿〔開元占經二十三又引易傳云人君不行仁恩弟殺兄臣弒君破胎傷孕春殺無辜則歲星失度不救則弟殺兄臣弒君破胎傷孕又御覽天部引對災異云人君不行仁恩弟殺兄臣弒君破胎傷孕春殺無辜則歲星失度又咎徵部引五星占云人君不仁傷孕春殺無辜則歲星失度其救也慈明敬讓廣恩施惠無犯時則歲星承度〕

禮經不用熒惑反明〔開元占經三十〕

人君無禮法輕薄房室外行易過下不理賦斂奪民時則熒惑失度吐舌為變逆度作怪以滅人君不救則大旱火燔宮室其救也進功錄爵位賢德養幼孤廩鰥寡則熒惑還度天心得矣〔開元占經三十 又御覽咎徵部引五星占云人君無禮法輕薄房室外行慢易斂奪民財則熒惑失度其救也爵賢位德養幼廩孤命樂師趣鞉鼓含歡欣熒惑還度天心得矣〕

人君內無仁義外多華飾則填星失度東西叛逆不救必憂霜雪其救也治社稷明堂近方親厚重之人災消矣〔開元占經三十八 又御覽咎徵部引五星占云人君內無仁義外多華飾則鎮星失度其救也治社稷修明堂近方直之人此災自消矣〕

尚書微則太白垂芒　開元占經四十五

日月赤黃爲薄　開元占經六十四

相侵爲食日體三毀三復行異處是爲相侵食也三分　開元占經四十四

日取一也　開元占經六十四

星晝行爲百姓不安　開元占經七十一

流星於北斗旁明如炬火長六七丈七尺一作六八如繪布賊　開元占經七十四

臣專制天下期三年　乾象通鑑引易傳同　開元占經七十四

流星出北斗魁中若東西不出期年兵起　開元占經七十四

流星出北斗魁中大將軍出以星出日占知所之　開元占經

晝星見人臣有奸心上不明臣下縱橫修撰　開元占經七十六

七十五

星以春三月墜歲凶不登其二月大殃秋七月墜兵起

八月大殃開元占經七十六

君不任賢厥妖天雨星也<sub>開元占經七十六 漢書五行志中之上引易傳云君不</sub>

天雨星

任賢厥妖

天下將亡則星墜爲飛蟲開元占經七十六

歲大飢大殃則星墜爲粟豆開元占經七十六

天下大兵則星墜爲金鐵開元占經七十六

星墜爲人而言者善惡如其言開元占經七十六

國有大喪則星墜爲龍開元占經七十六

星墮化爲石臣下倍主主妄行開元占經七十六

兵將作妖星隕爲石開元占經七十六

星入月中臣賊其主奪其家 開元占經七十七

月中有星天下有賊星多者賊多 開元占經七十七一本引易妖占同

又乾象通鑑

引易傳同

星入月中大臣謀伐其主主令不行 開元占經七十七一本

星與月同光臣下作亂人民非上令不行 開元占經七十七一本

引易妖占云星與月同光臣下作亂則人民非上

又乾象通鑑引易傳云星與月同光臣下作亂

天攙出其下相攙爲亂爲兵赤地千里枯骨藉藉 開元占經

彗星三角三年消五角五年消七角七年消九角九年

消 開元占經八十五

君爲禍則彗星出 開元占經八十八

八十五

彗星出為飢兵臣下失中和故出彗掃除之 <sub></sub>開元占經八十八

星孛於東則骨肉欲篡逆近北邊國入於西則兵大起 開元占經八十八

蠻貊戰經東西方民病不救之則致日蝕既下謀上 元開

占經八十
十八

星孛入北斗則大臣叛 開元經九十

鎮星於兵為鼓於經為易易為五經唱首鼓為五兵長
者 北堂書鈔鼓部

赤星入北斗中國使匈奴 乾象通鑑

星孛入北斗兵大起將有以外制權以兵為政者 御覽咎徵
部

人君進無德樹無功則無雲而雨 開元占經九十二

諸寅卯日有小雨小急大雨大急丙午日雨有圍城戊

午日雨霖三日止其下大戰乙卯月雨旱有兵起東方

丁卯日雨旱有兵起南方己卯日雨旱有兵起中央辛

卯日雨旱有兵起西方癸卯日雨旱有兵起北方<sub>開元</sub><sub>占經</sub>

九十
二

若出軍之日無雲而雨此天泣軍沒不還雨不沾衣名

日鬼泣其軍必敗<sub>御覽咎</sub><sub>徵部</sub>

八月晦日昏而雨繒帛貴人定時雨貴人賤賤人貴夜

多雨米貴嬰兒多損雞鳴雨兵起夜半雨雨所逮寇賊

起雞鳴雨兵事急民徙其鄉<sub>開元占經</sub><sub>九十二</sub>

十一月雨水橫流天下飢冬大雨水君死國亡<sub>開元占</sub><sub>經九十</sub>

諸六甲日有雲氣四合皆當日雨雨少雲少雨多雲多

萬不失一<sub>開元占經</sub>九十二

諸六甲日無雲一旬少雨月離畢之陰則雨離畢之陽

無雨日旁有赤雲如冠珥不有大風必有大雨<sub>開元占</sub><sub>經九十</sub>

正月朔日候八風從乾來有憂兵坎來有大水艮來人

民疾疫歲內有蝗蟲震來陽氣干歲大旱有喪巽來年

內多風傷五穀離來歲旱大熱多火災坤來有疾疫道

上多死人兌來有兵事<sub>開元占經</sub>九十三

獄吏暴風害人<sub>南齊書十</sub>九五行志

天火下燒民屋是謂亂治殺兵作 南齊書十 九五 行志 初學記 天部

虹蜺妻乘夫則見之陰勝陽之表也四時有之

虹日旁氣也 開元占經 九十八

凡蜺者陰撓陽后妃無德以色親也 開元占經九十八 漢書谷永傳引

蜺后妃無德以色親君

蜺三出三已三辰除之除卽日雨 漢書五行志中之上 開元占經九十八

引易傳云三出三已三辰除則日出且雨

乾象通鑑引易傳云三出三已則日出且雨

虹春出西方黑雲覆之夏多大水白雲覆之夏多風青

雲覆之夏多寒民病瘧若溫病者赤雲覆之夏多旱黃

雲覆之夏大旱穀不熟 開元占經九十八

虹夏出西方黑雲覆之秋多雨白雲覆之秋多風青雲

覆之秋多寒、民病瘧若病瘟赤雲覆之秋大旱黃雲覆

之秋禾大收 開元占經九十八

虹秋出西方黑雲覆之冬、多雨白雲覆之冬、多雪青雲

覆之冬多風又多寒、民病瘧若病瘟赤雲覆之冬、大旱

黃雲覆之冬糴大賤 開元占經九十八

虹冬、出西方黑雲覆之春多雨白雲覆之春多狂風青

雲覆之春多寒、民病瘧若病瘟赤雲覆之春大旱黃雲

覆之春雨和調 開元占經九十八

虹出南方無春夏秋冬所見之處不出三年民流亡不

歸收葬風雨不時民飢 開元占經九十八

虹出北方雨陰陽不調當雨反旱當旱反雨冬、夏不調

萬人大愁所照之國必有賣幼孫者其歲必多疾病夏

小雨冬荒不出三年所見之國民守其倉暴骨惶惶哭

泣相望童子行行大旱二百八十日乃雨所照之國尤

甚九十八 開元占經

蜺有九皆主身也專君者以色專愛及專君事也 開元占經

九十八

虹蜺貫日臣傷君不救國君亡九十八 開元占經

秋有白虹一雙出西方急陳兵待之其赤氣依旁者必

有獲城九十八 開元占經

澤枯歲貧國易臣不出三年大亂 開元占經一百

凡候霜下早晚若正月一日雷知七月一日霜下若二

霜者刑罰行也霜者所以成萬物也刑罰者所以誅惡

人也刑一以懲干殺一以全萬非人君定位則刑罰妄

行誅殺不當故天應以殞霜於春於夏臣依公結私誅

殺無罪霜下在上却忠臣依公結私以緩有罪霜附木

殺罰不由上霜見風而飛此皆刑罰不法之應開元占經一百

一霜下或未見日而欲暉者此人君以喜怒行刑罰也霜

或見日而不暉者此人君執法堅不可犯也或天陰不開元占經一百

見星而有霜者此臣下擅行誅罰也開元占經一百

興兵妄誅厥災夏霜殺五穀誅不原情兹謂不仁冬先

雨乃殞霜有芒角賢聖遭害其霜附木不下地〔開元占經一百〕

一漢書五行志中之上引易傳云與兵妄誅茲謂無法厥災霜夏殺五穀冬殺麥誅不原情茲謂不仁其霜夏先大雷風冬先雨乃隕霜有芒角賢聖遭害其霜附木不下地〔又北魏靈徵志上 隋書五行志中 初〕

學記天部 御覽天部四夷部引見上易傳〔白孔六帖卷二〕

夏霜君死國亡〔經有十一條無又日字故不錄 案此下占 開元占經一百一〕

春下霜七日七年聖人滅〔開元占經一百一〕

雪附木者此人君聽言殺忠臣也雪未至地而復上久〔開元占經一百一〕

而復下此人君欲寬死罪雪而溫者此人君脫有罪〔元 開元〕

凡雪者陰氣盛也小人倚公結私以脅其主而專其權〔占經一百一〕

三月而不止九月而即下此執法權正引邪以成賊理

故雪厚爲旱薄則爲水皆一百九十二日　一百一

夏雨雹天下兵大作　後漢書劉昭補注

凡雹過大人君惡聞其過也抑賢不與通貪婪爲心凡

利及幣私施與人專施不普當雨不雨及雹下邪人有

邪卻則讒政退人欲惑其君故雹傷生　開元占經一百一

雹或殺飛鳥者此人君信讒佞之人行濫罰於庶人元　開

占經一百一

雹下或毀瓦碎破車殺馬牛者此人君任小人伐正人

雹下盡折樹木之枝及害五穀者此人君賦斂酷民

有殺者　雹下或多狀如積雪者此臣欲殺君也　雹

下或盡敗人禾稼者此人君因春夏庶人有罪執殺之

雹下或霜俱降者此人君私邪人從後過而誅之

雹下及地而曝者此人君私施邪人而下成之　雹下

或狀如積冰者此臣欲弑人君　雹下或多芒狀如雪

者此人君欲害人　雹下或如梨實者此人君

大亂其寒過度罰深　雹下或狀如珠者此人君欲害

大亂庶人而惡甚者　雹下或與風俱降者此人君施

人而甚也　開元占經一百一

夏水冰凍者國君有疾病民流亡五穀不成人民飢

占經一百一

有德遭險茲謂逆命厥異寒　開元占經一百一　漢書五

行志下　御覽咎徵部　又天部引　隋書五

有德遭險茲謂逆命厥異春秋寒

京氏易八卷（清《木犀軒叢書》刊本）

臣私祿及親茲謂罔辟厥異濛行善不請於上茲謂作福濛一日五起五解辟不謀臣臣辟異道上濛下霧立嗣子疑茲謂動欲濛赤日不明利邪以食茲謂閉上濛大起日不見若雨不雨十二日解祿生於下茲謂誣君濛微而小雨已乃大雨下相攘善茲謂盜明濛黃濁下陳功於上茲謂不知濛微而赤風鳴條夜復濛不解

開元占經一百引易傳云私祿及親茲謂罔辟厥異濛行一日五起五立嗣子疑茲謂動欲濛赤日不明閉上濛大起日不見若雨不至十二日小雨已乃解而有大雨雲薇日下相攘善茲謂祿生於下茲謂誣君濛微而小雨已乃大雨盜明濛黃濁下陳功於上茲謂不知濛微而赤風鳴條夜復濛不解

漢書五行志中之私祿及親茲謂罔辟厥異蒙行善不請於上蒙一日五起五立嗣子疑茲謂蔽下蒙祿大起日不白謂動欲行蒙薇赤日不明不下謀臣辟異道不見上蒙下霧云如山行蒙薇日不公懼不言道以食茲謂蔽下蒙祿生於下茲謂誣君茲謂黃濁而赤風鳴條解復蒙茲謂盜見若雨不至十二日小雨已乃解而有大雨雲薇日不知蒙微而赤風鳴條解復蒙茲謂不明蒙黃濁而赤風鳴條解

凡雷者陰陽合和震動萬物使各戴其元而起故雷以

動聞百里或聞七十里或聞五十里或聞二十里各應

其德而起以應人君行之動靜　開元占經一百二

或雨且雷和氣令雷聲或殷殷轔轔風雨微皆陰陽和

利稼之雨象君臣君臣和合也　開元占經一百二

雷者月當有效於消息以為主聲聞於人雷之為政大

壯始君臣強從解起　開元占經一百二

雷起乾宮人民多疾病雷起坎宮國邑多雨雷起艮宮

禾好泉長五穀賤雷起震宮五穀暴貴多傷雷起巽宮

雨霜傷五穀雷起離宮夏少雨旱蝗蟲雷起坤宮蝗蟲

傷害五穀雷起兌宮兵起銅鐵貴　開元占經一百二

京氏易八卷（清《木犀軒叢書》刊本）

雷起水門流潦滂沱雷起天門人不安雷起石門蝗蟲

食禾凶雷起木門棺木貴歲大熟雷起風門有霜禾傷

雷起金門銅鐵貴雷起火門夏旱蝗蟲食稼雷起土門

五穀賤魚不長雷起鬼門人民常暴死　開元占經一百二

春始雷東方五穀盡熟人民蕃殖若夜雷歲半熟　雷

始南方歲小旱夜雷大旱糴倍種不成　雷始西方穀

不熟有蟲夜雷人民多病及六畜災　雷始西方五穀

小熟有暴骨其野馬牛犬病夜雷赤地千里糴貴　雷

始北方海水出百川皆流溢五穀不成夜雷百川皆溢

開元占經一百二

春不雷而霜樹木以風落皆爲人疾病　開元占經一百二

126

春三月甲子己丑戊寅辛卯戊午有雷擊物石其地有

兵　春夏甲子丙寅戊子有雷殺人無兵兵起有軍軍

在外大戰期不出五十日　開元占經一百二

夏三月雷電不聞多疾病害五穀　夏三月甲子乙丑

戊寅辛卯疾風雷在其城壞軍在外大戰　戊子雷電

雲露變土易民以其雷日月深淺日當一月或當一歲

不出其月必有亡國死主　庚子雷必有惡令期不出

三十日或有兵令　庚午日雷不出其月兵起甲子雷

亦主兵起　開元占經一百二

春己丑丁丑夏甲午壬戌己亥丁未冬甲寅春戊寅夏

戊申甲午丙戌冬戊子不雨而雷雷之所逮有折將流

血戊子雷雨三日止其下大戰大雨而雷外兵必歸不

雨而雷兵起必阻王者動事不時正月大雷動事不明

但雷而不電　開元占經一百二

當雷不雷太陽弱此君弱臣強臣奪君政故春分之後

雷不發聲君當揚威武退強臣正治道雷發聲矣　開元占經

二

一百

人君德隆雷鳴盛春　開元占經一百二

秋分雷春分不雷秋分不雷春分雷春過一日秋亦過

一日　開元占經一百二

春雷不發秋雷不藏君死國亡　開元占經一百二

冬雷上朔皆爲其所當之鄉骸骨盈野夜雷亦然　開元占經

冬雷者陽氣之盛應之各以雷鳴之日占何方各以其

辰為方 開元占經一百二

冬三月有大雷聞千里者人君絶令出走霹靂以兵去 開元占經一百二 御覽天部咎徵

聲溫者以弱去矣 開元占經一百二

天冬雷地必震教令撓則冬雷民飢 又後漢書劉昭補注引天冬、雷地必震 又引教令撓 開元占經一百二

冬雷不蟄茲謂自藏萬物化不成 開元占經一百二

電生火有所擊極陰生陽之象 開元占經一百二

几霆者金餘氣也金者內鏡而外冥人君即位乃先敬

讓而內尚賊心陰行眾物舉事發微自以為明虛言妄

據深依以考凡事亦自以爲能矣故無雲而霆霆或爲

火者此人君以暴罰也　開元占經一百二

霆如聚火者其起□從此人君將喪之象也　霆或如交蛇光明而正

天而見此人君自以爲明也　霆或如赤下至地而復上者此

者此人君行明行直　霆或如東西南北皆有霆者此人君行

人君聽讒言也　霆或中

役不避四時也　霆或正直而長光明者此人君行微

人不知曲直　霆或正黃澤者此人君行明雖得事實

取其中也　霆或霧而霆者此人君默行不得事實而亂

不息下將不制　霆瞬瞬暉暉者此人君質不知而自

明也　霆或奕奕明之而復息者此人君訊問內直言

之事　霆或無雲而以昏數見者此人君誠以微言而

害人也　一云默言　霆或如蛟蛇明久而後止者此人

君行不明莫以爲是也　天陰不雨但爲霆者此人君

陰行欲以求事實也　開元占經一百二

五月無三卯旱種大豆六月無三卯稌不收八月無三

卯旱種麥　開元占經一百十一

正月一日候風平明和調不風植稼蠶善日中和調中

稼稚蠶善至暮無風五穀蠶桑滋茂人民安堵六畜無

病　開元占經一百十一

太歲在寅歲中三十日大陰蠶不登菽麥昌人民食四

升　太歲在卯歲中調和豆麥昌人民食五升旱四十

日在六月　太歲在辰歲中旱三十日六月大風旱六
十日歲人病豆成　太歲在巳小兵起大麥登四十日
旱在六月百物賤不宜早蠶晚者成五穀熟　太歲在
午五十日早蠶登百穀不熟晚蠶傷兵革起六畜小兒
死　太歲在未十月小兵豆登麥惡早蠶不成晚者好
旱六十日在二月　太歲在申蠶登麥熟五穀熟旱五
十日人多病兵革起早蠶不成晚者好　太歲在酉兵
起人病早蠶不登晚者好六畜傷六月七月旱　太歲
在戌兵起蠶不登肉賤牛馬貴高山旱又飢米斗七十
太歲在亥兵起人飢人多病憂在四十日在州旱七
十日豆麥好五穀成蠶子如星　太歲在子水旱不時

五穀不成旱三十三日在六月西方米麥暴貴　太歲

在丑有兵起旱蠶不成晚者好人民不安　開元占經一百十一

正月初一日為雞二日為狗三日為羊四日為豬五日

為牛六日為馬七日為人八日為穀和調不風寒即人

不病六畜不死亡　開元占經一百十一

凡正月一日雲起五色備且精神十二律氣各具歲美

天下太平風雨從西北起糴貴　開元占經一百十一

正月八日候月在參東大善在參西多水蟲在參北大

惡　開元占經一百十一

五月朔日當熱而風雨者米貴人食草木風從北方來

禾大敗人民相食　開元占經一百十一

京氏易八卷（清《木犀軒叢書》刊本）

冬至後一日有壬無雨二日有壬稻再生三日四日有

壬上下皆熟五日六日有壬溝渠溢苗易治七日八日

有壬水橫流九日十日有壬無立牆過十日有壬還一

等至後三日七日有壬苗難治 開元占經 一百十一

有木同本而枝異是華光國有文昌五穀登他民歸鄉

開元占經 一百十二

有偃木而起歲有大吉 開元占經 一百十二

木生有實其邑有慶 開元占經 一百十二

木夏落葉有兵喪 開元占經 一百十二

木冬生王者不年 平一作有卿相出走 開元占經 一百十二

木冬榮黍不成 開元占經 一百十二

木冬生國后當之　開元占經一百十二

木歲再華國后當之　一百十二

木一歲再實鄰國來其國　開元占經一百十二

木再榮於夏后亡國有喪若五穀不熟百姓罷作　開元占經一百十二

伐木有血侯王有憂　開元占經一百十二

林木生齒有兵起　開元占經一百十二

榆莢不落國受大咎　開元占經一百十二

流水化為血兵且起以日辰占與其色　後漢書劉昭補行志中引水化為血兵且起　又隋書五

江河溢者天有制度地有里數懷容水澤浸溉萬物今

溢者明在位者不勝任也三公之禍不能容也牽執法

者利刑罰不用常法後漢書劉昭補注

人君無施澤惠利於下則致旱也不救必蝗蟲害穀其

救也貴謫罰行寬大惠兆民勞功吏賜鰥寡稟不足後漢

書劉昭補注 又藝文類聚災異部引別對災異同

京氏易卷三終

京氏易卷四

漢　魏郡太守京房　撰

庚申科舉人充　實錄館校錄候選知縣王保訓集

## 易占下

君暴亂疾有道厥妖長人入國　開元占經一百十三

易傳云君暴亂疾有
道厥妖長狄入國　漢書五行志下之上引

權臣專政厥妖人生角　行志下之上引易傳云象宰專

政厥妖人生角　漢書五
苑珠林第二十五同　開元占經一百十三

丈夫化爲婦人茲謂柔勝強陰勝陽邦必亡　開元占經一百十二

漢書五行志下之上引易傳云丈夫化爲
女子茲謂陰勝厥咎亡　宋書五行志五同

男化爲女有異姓來其國　開元占經一百十三

女子化爲男子茲謂陰昌賤人爲政其邦必亡 <sub>經一百</sub><sub>開元占</sub>

傳同

君將絕嗣則君妾化爲男 <sub>一百十三</sub><sub>開元占經</sub>

人生而能行其國不昌其君有憂 <sub>一百十三</sub><sub>開元占經</sub>

自受其殃黔首散亡 <sub>一百十三</sub><sub>開元占經</sub>

人生子首在背天下易姓　人生子有一目其國不窴

人生子有二口以上國主見驚有兵　人生口舌長

天下有兵　人生子有一耳是謂不聰　人生子有三

耳以上是謂多方其國無王是謂多聰國事無定　人

生子有一于是謂不壽其國有咎　人生有三臂有反

十三　漢書五行志下之上引易傳云女子化爲丈夫

茲謂陰昌賤爲王　隋書五行志下　宋書五行志

俱引易

女子化爲男子兹謂陰昌賤人爲政其邦必亡 <sub>經一百</sub><sub>開元占</sub>

臣　人生有三手以上臣謀主　人生三足是謂非常

天下有兵　人生子有一足是謂不行國主亡　人生

子有三十指民流亡　人生子有二鼻有民謀其主　人生

人生有二背臣反主亡　人生子有三腹其國分人

生有二腹是謂惡祥國主以仇亡

行志引易傳云生子二胸以上民謀其主三手以上臣

謀其主二口以上國見驚以兵三耳以上是謂多聽國

事無定二鼻以上天下有兵

三足三臂以上天下有兵

開元占經一百十三

南齊書卷十九五

人生子目在首上及後天子亡　人生子目在項背天

子不安　人生子目在背及于天下有大事　人生子

目在腋下天下不相見　人生子目在陰天子無位

人生子目在踵及足是謂下視天下大兵　人生子口

在首上及在後國主亡　人生子口在肢臣主亡　八

生子口在腹旁天下有兵一日爲天德五穀豐熟　人

生子口在肢節天下民大飢流亡　人生子鼻在背及

項天下不窋　人生子鼻在首前太子有殃　人生子

鼻在腹天下大荒　人生子鼻在四肢節天子亡　人

生子鼻在陰是謂不恆天子降　人生子耳在首上及

前後天下有兵民流亡國君喪　人生子耳在腹天下

兵　人生子耳在背及肩項天下有憂　人生子耳在

四肢及手足有反主者　人生子腹在背天下飢　人

生子腹在手上前後天下民飢兵作　人生子腹在四

肢天下有大兵天子易　人生子四肢在背天下亂兵

作　人生子陰在首天下大亂在背天子無後　人生

子陰在腹天下有大事〔開元占經一百十三〕　人生子無目其國主暴死　人生子無口其國主見賊

一日多疾　人生子無唇是謂不祥國主死亡　人生

子無舌天子不聰　人生子無指天下有更令　人生

子無腹其國大熟　人生子無四肢其國主君臣有反

者　人生子無陰其國主無後　人生子無尻國主以

仇亡〔開元占經一百十三〕

人生六畜是謂國更政天下易主　人生馬百姓勞苦

人生彘犬人主失道　人生彘貴人牽義民不義

人生六畜形人面者天子不聰　人生六畜口在手之

上及腹天下有大兵

反者　人生六畜口在腹背胸天下有

陰天下有惡天子　人生六畜口在

云有反者　人生六畜面更天子

大荒　人生六畜耳在四肢天下有兵一日天下　人生六畜耳在腹上天下有憂又

畜耳在陰羣臣常謀天下　人生六畜耳在腹及胸天下有反臣　人生六

天下大亂　人生六畜有三首以上天下樂昌　人生

六畜有兩身天下有重兵　人生六畜有三目以上天

下有亂臣　人生六畜有一目國令不行　人生六畜

有兩口以上天下有兵　人生六畜有三耳以上天下

有大事　人生六畜有一耳國主不聰　人生六畜有

兩鼻以上有謀反者　人生六畜有一足天下無主

人生六畜有二足天下有大憂　人生六畜陰在首上

天子失位　人生六畜有二陰以上國主多子　人生

六畜有四肢無節天下有不善者　人生六畜有二尾

以上國有大事　人生六畜有毛無羽天子失位　人

生六畜有羽無毛天子無朝之者　人生六畜身半有

毛半無毛國有大事　人生六畜無面天下兵作　人

生六畜無首天下無主天子失位　人生六畜無目社

稷亡　人生六畜無口天下大飢重有大兵　人生六

畜無鼻天下有災　人生六畜無耳天子無善令　人

生六畜無腹天下大飢重以大兵　人生六畜無四肢

天子無忠臣　人生六畜無陰天子無後　人生六畜

無筋骨肉天下昌　人生六畜無尾是謂無後近臣反

殺主　人生六畜無毛天下貧民飢　開元占經一百十三

人生野獸天下不通　人生野獸有他變形天下大兵

凶亡　開元占經一百十三

人生子盡爲五穀國民昌　人生子盡爲艸木國主死

人生子盡爲石兵強　人生他物非人所見聞者皆

爲天下有兵　開元占經一百十三

人生龍有異姓來相其國君將亡　人生子人面而龍

蛇形者天下有兵　開元占經一百十三

子不三年改父之道則爲私厥妖人死復生　開元占經一百十三

漢書五行志下之上引易傳云幹父之蠱有子考亡
咎子三年不改父道思慕不皇亦重見先人之非不則
爲私厭妖

人死復生

長人見亡　隋書五行志下

國空虛人君有尸祿則鬼夜哭　鬼夜哭國將亡 開元占經

一百
十三

君刀劍無故自拔與其室相去君見殺 開元占經一百十四

君刀劍無故自鳴他人無聞者而君獨聞之妻妾且殺 開元占經一百十四

其君 開元占經一百十四

民人好著素服者民多喪期三年眾人好學諸侯之服

而高其衣服不出五年奪民 開元占經一百十四

君朝服無故自亡君且事臣大凶 開元占經一百十四

君履無故自著於君足有遠行　君履無故自亡君且

不復遠行　開元占經一百十四

上下咸悖厥妖城門壞　開元占經一百十四　漢書五行志下

宋書五行志三俱引易傳同後漢書五行志五引上下咸悖厥訞城門內崩　隋書五行志下

君門戶自亡其君且殺　開元占經一百十四

邑城門無故夜鳴邑有大喪人家亦然　開元占經一百十四

君室中無故有人聲且有大姦　君室殿無故有哭聲及家大凶　開元占經一百十四

賤人將貴則城復於隍　開元占經一百十四

社鳴實邑虛虛邑實　里社鳴聖人出　社樹自移君有大行移來國昌　開元占經一百十四

市人無故自驚者春驚期一年夏驚期二年秋驚期三

年冬驚期四年案握鏡曰大兵起失政之象也　開元占經一百

天不雨羅肆自出泉天下亂　羅肆無故自出泉民人

相食君肆無故自出泉將軍與相爲亂一曰國內亂期

三年一百十四　開元占經

天不雨廟自濡者其國大饑人主當之　天不雨而城

自濡者其國大潰亂相當之　開元占經一百十四

君宮室無故自動者且爲上壙　開元占經一百十四

鳳凰來儀翽翽其羽兹謂休德　開元占經一百十五

山見白燕其君宜得貴女　開元占經一百十五　御覽羽族部又禽部并引注云今

十四

俗名燕爲天女 <sub></sub>吳淑事類賦

鸒巢園樹歲安熟 開元占經一百十五

鵲巢軍旗鼓上將軍死　鸒巢樹此謂失教邑亡歲若

人多死 開元占經一百十五

燕羣鬬外內飢於寇國兵起　燕自巢市朝之樹爲政

者凶 開元占經一百十五

燕銜土置之國益土　燕銜土出置之邑中虛 開元占經一百

十五

燕與雀鬬賤人爲寇 開元占經一百十五

雞無故夜鳴必有急令　雞據棲而鳴邑令不遷乃免

也 開元占經一百十五

雞夜半中鳴有軍軍罷若有驚亡將軍妻死　雞黃昏

鳴人民有事人定鳴且戰夜半鳴流血滂沱　雞不以

時鳴國當之　雌雞非時而雄鳴者家大傷 開元占經一百十五

雞與野鳥飛走入堂而鬪若戲其君不復居人主亡

雞與野鳥鬪其邑亂臣弑君大臣相戮流血滂沱　雞

鳥相鬪其國殺大臣有喪邑流血 開元占經一百十五

雞不鼓翼國受大咎 開元占經一百十五

雞生子不完其邑憂　雞不卵生子無翎而獸形邑虛

雞不卵而生子非雞形者邑有大水　雞不卵而生

子為六畜邑有兵作　雞不卵而生子為鼠形者邑有

大害　雞不卵而生子為野獸形者邑有大憂　雞不

卵而生子有六畜者邑有憂　雞卵中盡爲蟲蛇蜂蠆

國邑虛　開元占經一百十五

雞無故立宮闕門上其主且失宮殿　雞無故巢於君

屋上有大事宮虛　雉止君屋上爲虛不可居君當之

雉無故入人室庭家虛　雀無故穴其地邑有兵

雉無故巢木上水大至　開元占經一百十五

雀無故巢木歲大水兵起　雀無故穴其地邑有兵

雀不見歲大饑　開元占經一百十五

鳩巢邑去樹木之地若室上謂去常居亡地且兵　開元占經一百十五

鵲夜鳴旦必有大兵　鵲巢軍起貧屋空虛　鵲無故

自死宮中主死　鵲無故自死君宮室門上有喜及屋上亦然 <sub>開元占經一百十五</sub>

勞鳥鳴爲怪君室凶

伯勞鳥聚軍中大水且至　鳥巢軍旗鼓上將軍死　鳥

伯勞鳥聚軍中歲大饑　伯

集聚軍中將軍出令增秩應之 <sub>開元占經一百十五</sub>

鳥無故巢於門上及殿下宮邑且虛其屋巢者爲不終歲無兵者兵作 <sub>開元占經一百十五</sub>

眾鳥皆無故自立城泣及在室上者國凶家亦然　飛

鳥無故泣而立於野及木上鳴而相應邑有大兵　眾

鳥無故立城泣邑門上其邑且虛　鳥鳴門闕上如人音邑且亡

眾鳥羣鳴城上聲習習邑且空　眾鳥鳴

京氏易八卷（清《木犀軒叢書》刊本）

向軍中必暴戰不出三四日中　眾鳥夜鳴旦必有甲

鳥無故羣立君門上者其君死　眾鳥集止城上內向

則邑見圍外向邑大兵行　眾鳥棲城上內向則凶外

向破於兵　日有非常之鳥來宿於邑此爲斂吏邑有

兵　飛鳥皆無故自入宿邑中及附木上不大凶即邑

虛　野鳥飛入君室其邑虛亡民有殃　鳥無故羣宿

邑中其邑虛

眾鳥無故自死宮中其君死　飛鳥無故飛舞於市邑

且有兵　飛鳥與野獸鬭國有殃　眾鳥飛有人形爲

兵　眾飛鳥爲獸形見即大人憂　眾飛鳥爲六畜形

見則有兵〔開元占經一百十五〕

故墟無人眾鳥集之必復居　有白文鳥居野不及三

年有死君此旱祥也〔開元占經一百十五〕　有白文鳥居野不及三

鳥巢軍賚屋空虛〔開元占經一百十五〕　鳥集眾軍中將軍出令增秩應之

鳥集軍中人皆不知其名此爲勞軍必敗　野鳥羣

入軍室必滅　眾鳥羣飛軍上多戰必敗兵且罷　軍

中有飛鳥止軍上若萬數其將軍應死〔開元占經一百十五〕

麒麟麕身牛尾馬蹄有五彩腹下黃高丈二尺毛長〔開元〕

身牛尾狼額馬蹄有五彩腹下黃高丈二〔開元占經一百十五〕

爾雅釋獸疏引易傳麐麕〔開元〕

虎斷道邊國謀　白虎入國邑野人爲政危其宗人〔開元〕

占經一百十六

占經一百十六

狐逐家人犬者夷狄且來入君邑中

狐入室必有大喪將出室不居　開元占經一百十六

兔入於宮其君亡　開元占經一百十六

兔無故入宮者潰其宮矣家亦然　兔止城上邑必虛

入宮殿生子者其宮且空生艸木矣　兔無故入宮殿

生子者宮有憂　兔無故宿及守之其邑君死兵小行

開元占經一百十六

鼠羣行有水期一年　鼠無故羣不居穴眾聚居殿中

者其君死　鼠無故却退而前尾者邑有憂

羣相隨朝夕鳴邑且爲湖澤期一年內　鼠無故朝時

及暮時當朝邑門而泣邑且空虛　鼠相鬭其君死

鼠無故鳴於市朝其邑有大喪　鼠無故舞邑門外厥

君亡於庭中道上其邑有大兵開元占經一百十六

鼠無故皆自積土大水且至水去邑飢　鼠無故巢木

上邑且大水一百十六開元占經

眾鼠逐狸茲謂有傷臣代其王忠為亂天辟亡　鼠無

故逐狸狗是謂反祥臣且殺其君　眾鼠逐狸殺其君

大臣亡或曰諸侯以婦女誅異姓來相國者也開元占經一百

鼠無故皆自相殺斬其首道中者兵作　鼠鬬殿上其

君死　鼠生子宮中而不穴宮且空　鼠無故殺其子

若自出穴其子死於穴中其邑且虛　鼠無故血殿上

十六

宮中其君死　鼠無故齧殿上及巔穴中地其君死

鼠無故穿殿上及室中邑舍空　鼠穿門戶外內通明

大喜　鼠穿門戶不徹外有遷者　鼠無故自常宿褥

席中身死　鼠交殿上其君死<sub></sub>

鼠齧人杖主被傷　鼠齧馬蹄行破亡　鼠齧履頭家

有喪急去之　鼠齧牛角及蹄不行　鼠齧冠即其身

死若有喪　鼠齧人帶有利吏被選斷疑獄辟連　鼠

齧刀劍奴妾不祥後有殃　鼠齧官府文書史尼官府

有赦　鼠齧背上準有喪　鼠齧上祇有利囊得財

鼠齧人鼻且有喪　鼠齧人頭男子傷洗浴吉　鼠齧

人者有賊謀　鼠齧人足有行事去而吉　鼠齧人頰

開元占經
一百十六

必被辱若喪　鼠齧人手指奴婢死　鼠齧人耳目有

欲爲賊者　鼠齧人髮是謂御者女子大賊　鼠齧人

織布帛傷衣喪　鼠齧祭物家喪敗　鼠齧宮中樹木

枝葉家有賊　鼠齧牀席中央夫婦離散　鼠爲怪者

凶傷大人爲冶燒鐵門左無咎　開元占經一百十六

野獸大小入邑中及朝廷若大道上邑有大害君亡地

有流血　野獸無故入邑居朝廷門內外及宮府中庭

邑且虛家無人　野獸羣鳴邑中且空虛　野獸自經

於市中邑且火歲凶　野獸入軍中將軍戰必大敗急

祭祀鬼神以救之　野獸鳴軍中大邦小小邦大　野

獸生子邑中者其邑大虛　書卷十九五行志引易傳云　開元占經一百十六　南齊

京氏易八卷（清《木犀軒叢書》刊本）

野獸有四足與飛鳥鬭有兵起大臣去　野獸來與家畜鬭

有隣國來伐國將亡〔開元占經一百十六〕　野獸生子為螽蟲為蜂

野獸生子異形者且易其主　野獸生子為蚳者

形天下且更令　野獸生子為羆走入君室邑且亡社

稷為人所攻　野獸生子為蚍者其邑大事

野獸生子其足多者邑有憂　野獸生子足少者邑有喪

野獸生子其口多者邑有兵　野獸生子其目多者邑有

憂　野獸生子其目少者邑有急兵　野獸生子無目

者其邑有憂　野獸生子無耳鼻其邑有兵

野獸生子耳鼻多者其邑有行兵　野獸生子耳鼻少者邑有

大兵起　野獸生子無尾者邑無後　野獸生子其形

不居其處者皆爲兵事　開元占經一百十六

牛無故夜皆鳴且有暴兵牝牛善牡鳴及於大道上邑

有大兵　開元占經一百十七

牛能言如其言占吉凶　牛自地中出邑中有兵小民

破亡君有喪不出三年　牡牛生子其君無後　開元占經一百

七十

牛生子一首二身其邑分牛生子二首天下分南北之

象也　牛生八足上有三首邑增地君任邪佞則牛兩

頭八足二尾　牛生子三角其邑且有兵牛生子三目

以上邑有賊臣臣多口則牛四目在背牛生子三鼻其

邑有兵　牛生子鼻一孔邑作事不成若君不聽事則

牛一耳　牛生子三耳以上邑大亂八君眾惡同志至

德潛隱興徭役奪民時則牛生五蹄民八徭三月邑有

賊臣則牛二尾　牛生子三陰以上君多子牛生子目

在腹下及旁邑且有事　牛生子口在腹下及在頭上

邑有大事　牛生子口在四肢邑君亡　牛生子口在

背其邑臣口舌　牛生子耳在腹下民大飢　牛生子

耳鼻在腹及背其君相謀傷　牛生子鼻在四肢上邑

有大賊　牛生子足在腹邑徙　牛生子尾在腹邑大

徭　牛生子尾在四肢邑君易　牛生子無首邑無令

君不吉　牛生子無鼻太息　牛生子無尾民貧士弱

牛生子無毛有羽邑君亡　牛生子無陰其君無子
君無子則牛無陰　牛生子無足其邑穀不成　牛生
子足在背邑且有大兵兵行徭役奪民時厥妖牛生五
足　牛生子三足其邑君有疾病

開元占經一百十七　漢書五行志下之

上引易傳云興徭役奪民時厥妖牛生五足　法苑珠林第九十七同

牛生人民流亡　牛生人一身二首其邑昌　牛生人
一身三首其邑有兵　牛生人一身二首無口三鼻一
鼻在項一鼻在頰其邑有兵不隱　牛生人一身一首
無目一耳相臣有兵　牛生人一身二首無目三耳一
耳在頂一耳在頰其邑有兵　牛生人一身三首一鼻
在頂一鼻在頰女人治其政　牛生人一身二首無耳

京氏易八卷（清《木犀軒叢書》刊本）

二口一口在頰民飢　牛生人一身二首無耳三口以

上一口居頂一口居頰人民飢　牛生人一身二首二

口無耳一口在頂民驚兵君亂亡　牛生人一身二首

無耳三口一口在頰一口在股〔作腹一本〕上民且大驚其邑

有亂亡　牛生人一身三首二耳無目一耳居頂一耳

居頰其邑有兵民多流亡　牛生人三頭三面有軍行

牛生人一首四面其君亡地　牛生人一首二口其

邑大飢　牛生人一首一鼻邑民貧　牛生人一首三

目以上天下有爭者　牛生人一首三耳以上邑治且

亂　牛生人一首一面天下有爭者　牛生人頰以上

無其邑有兵　牛生人一首以上其臣有反者邑有大

疫　牛生人三足以上民多相讒　牛生人三臂以上
其邑兵行　牛生人三陰以上其國有謀臣　牛生人
目在腋下其君且凶　牛生人目在腹下天下諸侯雜
居目在背邑有大臣反　牛生人目及鼻在足下此謂
不親其邑有大謀　牛生人鼻在腋下主令不行　牛
生人鼻在足民災　牛生人鼻在腹其邑穀不成　牛
生人鼻在背其民多疾　牛生人口在腹下邑有火
牛生人口在背邑得利臣有凶事　牛生人腹在脛邑
有飢　牛生人陰在背腹其君有大事　牛生人無鼻
邑有喪　牛生人無耳有鬼驚人者相主走　牛生人
無足其邑不種　牛生人無臂其邑疾　牛生人無體

其邑有事　牛生人無腹其邑飢　牛生人人身而六畜面者此則不吉臣下不受命　牛生人人身而烏頭面者邑有兵　牛生人人面而六畜身者此謂不祥其邑有兵　牛生人人面而犬身其邑苦　牛生人人面而獸身者邑有亡地　牛生人人面魚身者邑有水　牛生人人面而蟲虵身者此邑有空　牛生人人身而蟲虵面者其邑亡地　牛生人人面而邑更主則牛生六畜　牛生六畜其邑女子爲主君不安宅則牛生馬　牛生馬兵將作人零落不安宅　牛生六畜人形者其邑更主　牛生六畜一身一首其邑君七　牛生六畜二鼻以上其君有兵牛生六畜二口以上邑

開元占經一百十七

有兵　牛生六畜三耳三口以上邑亡地　牛生畜無

目其邑令不行　牛生六畜無四肢主不治　開元占經一百十七

天下虛則牛生魚　開元占經一百十七

牛生金鐵其邑有兵　兵強主武則牛生土石牛屎生

牛生五穀其邑昌且大穰　牛生土及屎土邑地大昌

草木其君死　牛屎布帛其君有令德善政　開元占經一百十七

馬化為牛君且無兵強也　馬出地中國有兵民散亡

軍喪不出三年　開元占經一百十八

馬一夜改毛易政　馬一夜變毛名曰易衣君且小憂

有馬之家家長死　馬一夜變易毛色南鄉更為北鄉

東鄉更為西鄉政且有變　開元占經一百十八

馬無故一夜皆鳴且有大兵來者　開元占經一百十八

馬能言如其言吉則吉言凶則凶　開元占經一百十八

馬走入君宮有兵事大凶憂　開元占經一百十八

下不順政厥妖馬生角茲謂賢士不足　開元占經一百十八　漢書五

行志下之上引易傳云臣易上政不順厥妖馬生角茲　漢書五

謂賢士不足　宋書五行志四引臣易上政厥妖馬生

角

天子親伐馬生角　開元占經一百十八　漢書五行志

下之上引易傳云方伯分威厥妖牝

馬生子

馬生子一目其君弱　馬生子三目以上臣制主令

馬生子二口以上者其令多亂　馬生子三鼻以上民

流亡　馬生子三耳以上其民人多死者　馬生子二

166

足以上民流亡　馬生子三足其邑主有不祥　馬生
子二陰以上有兵　馬生子目在腹下及在旁其邑有
兵　馬生子目在四肢其邑俘四　馬生子目在陰其
邑大弱主亡　馬生子目在背民流亡不從令　馬生
子口在背邑民大去其君憂　馬生子口在腹邑飢五
穀大貴　馬生子耳鼻在四肢者兵作　馬生子耳鼻
在腹及背臣叛上敗績　馬生子足在首失邑君憂
馬生子足在背人主有行足在腹主勞民飢　馬生子
尾在足五穀不成　馬生子尾在背其君婬　馬生子
尾在腹臣謀反　馬生子無目其邑君久病　馬生子
無口鼻其邑君無子　馬生子無耳主失位　馬生子

京氏易八卷（清《木犀軒叢書》刊本）

無足主失位

上無天子諸侯相伐民流百姓勞厥妖馬生人　馬生

人一身有兩頭以上足有反者兵大作　馬生人一首

三顙以上邑相輆亂　馬生人一首兩顙以上邑有大

兵　馬生人一身而兩首無目一耳居顙以上者邑且

有兵　馬生人一身三首以上三耳以上無目一耳居

顙上是謂不祥天下有兵民流亡　馬生人一身兩首

九口鼻居項天下大飢民流亡　馬生人一身兩首以

上無耳無口二鼻以上一鼻者項一鼻著顙天下有兵

喪　馬生人一身兩首邑棄主　馬生人一身兩面以

上其邑大不祥　馬生人三首以上邑爭凶　馬生人

一身三耳以上其邑飢　馬生人一首兩鼻以上邑民貧　馬生人有臂無首足邑有兵不勝凶　馬生人三臂以上邑君有惡疾　馬生人三足以上其邑勞　馬生人三腹以上無足邑有大喪　馬生人三陰以上臣謀其主　馬生人首在腋下主賊殺於臣　馬生人首在足下邑君私社稷亡　馬生人首在背民大勞苦　馬生人首在陰其君亡地　馬生人目在腋下其君哭喉顙人主有亡地　馬生人目在背邑有大兵流亡　馬生人目在腋下其君若　馬生人目在足下此謂下視欲謀其上　馬生人口在腹邑有兵民且飢　馬生人口在背邑有大事民絕食　馬生人鼻在腹下主令不行

馬生人鼻在足下民相從哭　馬生人鼻在腹下其邑

穀不成　馬生人鼻在背邑民勞　馬生人鼻在陰邑

君鬼神不享　馬生人鼻在背民不相從邑有兵　馬

生人耳在腹其邑弱主治不行　馬生人耳在陰賢者

不上通　馬生人腹在跨其邑大飢君亡地　馬生人

陰在上其君無子　馬生人陰在背腹民飢臣下大謀

其主　馬生人四肢在首及項其君失位　馬生人無

首其君大疾　馬生人無目其國失令亡　馬生人無

口天下大飢　馬生人無鼻其邑有喪　馬生人無耳

其邑有鬼驚人主　馬生人無手足其邑不穀　馬生

人無臂邑有兵兵敗　馬生人無腹邑亡有兵民飢

馬生人人身而畜面者民飢主易　馬生人人面而六
畜身者是不祥邑有兵　馬生人人面而野獸身者邑有
大客及兵　馬生人人身而野獸面者君有七邑　馬
生人人面鳥身是謂不祥邑有兵　馬生人人身而蟲
蚖面者邑且亡　馬生人人面而蟲蚖身者謂邑虛及
有兵　馬生人人身而蚖龍面者其邑有弱主不治
馬生人人面而龍蚖身者民流亡〔開元占經一百十八〕
馬生六畜君有大事　馬生羊邑安國無憂民大安
馬生牛人安五穀蕃　馬生六畜一首兩身其君且逐
馬生六畜二口以上天下有作兵者　馬生六畜二
鼻以上民大飢　馬生六畜三耳三目以上君失社稷

亡　馬生六畜無首人君失位　馬生六畜無四肢其
君不安　馬生六畜無目臣塞君之善士令不行　馬
生六畜無鼻口天下有兵　馬生六畜無耳天子失忠
臣　馬生六畜無陰者女主治　開元占經一百十八
馬生野獸有他變形者民盡為兵　馬生野獸天下不
通　馬生飛鳥民不安有反臣　馬生飛鳥有他變形
者皆為兵喪　馬生魚邑主憂　一云大水至穀不成
馬生蠱蜮及蜂蛟者其邑流亡　開元占經一百十八
馬生五穀歲樂昌　馬生金鐵其邑臣有欲賊主者
馬生石其邑強　馬生土其邑增地　馬生艸木其君
疾　馬生布帛政令且更　開元占經一百十八

狗生角執政失將害之應君子危喀則狗生角

佞臣在側則犬妖狗生歲多蝗蟲任佞則羣物盡傷犬妖

將害之厥妖狗狗生角君子苟免小人陷之厥妖狗狗生角 漢書五行志下之上引易傳云執政失下引易傳云執政失下

則軍兵將至、犬能言吉凶如其言　犬呼其主主且

亡　開元占經一百十九　下引易傳云讒臣在側則犬生妖　晉書五行志

犬晨夜嘷堂室上家且有喪邑亦然　犬無故皆見鼠

不動邑且有賊臣公不禁下　犬若無故當邑及宮門

聚如尸皆大凶　犬無故相從浴水中兵大作　犬自

地中出邑大水君且貧　開元占經一百十九　開元占經一百十九　漢書五行志中之

君不正臣欲篡厥妖狗冠出朝門　漢書五行志一引

上引易傳同　後漢書五行志一引

易傳君不正臣欲篡厥妖狗冠出

京氏易八卷（清《木犀軒叢書》刊本）

犬生角人主失政小人進用

人君夫婦不嚴厥妖狗與豕交茲謂反德國有兵革元開

占經一百十九

漢書五行志中之上引易傳同

犬生子三耳以上邑且有亂臣　犬生子一目邑有臣

事二主者　犬生子三目以上邑有大臣謀主　犬生

子有二口邑有憂　犬生子鼻一孔邑有兵　犬生子

有二鼻邑且有兵　犬生子三足以上其邑主有公侯

犬生子有五足以上其邑且大卒行　犬生子有二

陰君多子　犬生子有二尾以上邑有徙亡　犬生子

口在背邑有反臣　犬生子口在陰邑臣強主命弱令

不行　犬生子口在四足臣殺其君下及腹旁邑大憂

犬生子口在腹民大飢

犬生子口在四肢其邑君

亡　犬生子有鼻在四肢邑有兵　犬生子足在腹邑有

有徒亡　犬生子足在背邑有大咎　犬生子足在首

邑君且有大咎　犬生子尾在腹邑有大臣　犬生子足在首

生子無尾邑有大臣殺君　犬生子尾在首

三王爭者　犬生子無目邑主病　犬生子尾在背四肢邑有

飢　犬生子無足穀不成　犬生子無口鼻民

一百
十九　犬生子無尾邑民貧　開元占經

犬生人其邑君失位兵行　犬生人人形或不具其邑

有兵　犬生子人之形而物各不居其所者主亡　犬

生子人之形而六畜身者主亡有大咎　犬生子人之

京氏易八卷（清《木犀軒叢書》刊本）

形而飛鳥身者邑大水　犬生子人之形而野獸身者

此有亡主　犬生子人形而魚身者邑大水　犬生子

人形而鼠身其邑虛　開元占經一百十九

犬生六畜其邑易命有大事　犬生六畜一首二身邑

有廢　犬生六畜兩身邑且二君流　犬生六畜兩口

以上邑大臣亂　犬生六畜三鼻其邑有亂臣　犬生

六畜有人形者邑易主　犬生六畜無首其邑有大事

犬生六畜無耳邑不用事　犬生六畜無目其邑兵

行　犬生六畜無口鼻民流亡兵作　犬生六畜無

犬生六畜無陰主且暴死　犬生豕

肢邑不治有兵　犬生六畜無四

歲大熟民樂　開元占經一百十九

犬生子為鼠歲虛民流亡　犬生子為魚邑有大水

犬生野獸邑有大咎　犬生野獸人形者邑有大兵

犬生飛鳥或有人形而不具皆為大兵及大水　犬生

子為蜂天下更令　犬生子為蜂虵其邑民人流　犬

矢宮室中堂殿上三日以上邑空虛　犬矢王門中其

神五日以上邑亡　犬皆羣溺於邑門外及內兵作家

主有喜　犬矢王門外邑主有憂　犬矢邑社或及大

人亦然　犬無故大道矢而行邑大凶　羣犬無故皆

犬大道中兵行　犬矢人民牀席上其殃大　犬矢井

中家虛邑亦然　犬無故溺人其人不出三歲亡　犬

矢石其邑臣強君弱　犬矢金鐵邑兵大作　犬矢土

京氏易八卷（清《木犀軒叢書》刊本）

邑益墜〔墜地〕也

犬矢五穀邑昌歲成　犬矢布帛邑有

暴政、犬矢艸木邑有大喪〔開元占經一百十九〕

豕能言吉凶如其言　豕晝同時俱鳴此謂哭主歲不

成　豕自食其子家破　豕反自食其尾家富歲且凶

豕之屋上其邑得賢士　豕入君室中其社稷邑君

且亡　豕無故入君室屋且有女憂爲亂　赤虹見於

國不出三年必有大禍野人爲政〔開元占經一百十九〕

豕生子有角其邑有福祿　豕生子有二口以上其邑

且安　豕生子鼻一穴郡有九侯　豕生子三足其歲

不熟　豕生子五足以上其邑有大咎兵作　豕生子

一陰其邑主無後　豕生子目在四肢其邑兵行其地

豕生子目在腹下及旁邑有大咎　豕生子口在背

邑主弱羣臣奪王令不行　豕生子口在腹其邑飢

豕生子口在四肢民飢兵作邑亡　豕生子口在陰邑

有大謀　豕生子耳鼻在腹及背臣謀其主　豕生子

耳鼻在四肢及在首上兵作邑中　豕生子足在首上

亡社稷　豕生子足在腹邑有大事　豕生子足在背

其民勞於兵　豕生子尾在腹及首邑有大事　豕生

子無口其邑飢　豕生子無目其邑臣奪主令　豕生

子無尾其邑兵弱　豕生子無尾有羽邑亡　豕生人

之形卽純行室人且行兵不純行其邑失社稷　豕生

人而有六畜形者其邑亂亡　豕生人形而有飛鳥者

其邑大水　豕生人形而有野獸形者其邑兵作　豕生人形而物各有不居其位者邑亡　豕生六畜其邑易主　豕生犬其君走謀於野中　豕生犬形不具邑有兵諸侯數起　豕生六畜有人形邑且更令　豕生六畜一首二身邑分　豕生六畜二鼻以上邑有兵行鼻三目以上其邑大恐　豕生六畜無首其邑不安　豕生六畜二口以上其邑亡地臣亂　豕生六畜三豕生六畜無目邑令不行　豕生六畜無耳其邑君且不聽政　豕生六畜無口鼻其邑民流亡　豕生六畜無陰其邑無嗣子　豕生六畜無四肢其君不治　豕生野獸其邑民飢有兵　豕生飛鳥其邑水　豕生魚

其邑大水災　豕生蟲蠅其邑流亡　豕矢金鐵邑兵

大作　豕矢土邑增土　豕矢石邑大兵強勝四方也

豕矢五穀歲成熟　豕矢艸木其邑有喪〔開元占經一百十九〕

山見龍過於邑邑遷　赤龍見於國不出三年必有大

禍野人爲政　井出龍若馬君不守宗廟〔開元占經一百二十〕〔漢〕

有德遭害厥妖龍見井中〔開元占經一百二十〕〔漢書五行志下之上引同〕

君行暴惡黑龍從井中出〔五行志下之上引 漢書一百二十〕

從井中出
刑暴惡黑龍
五行志下之上引易傳云行

龍鬬邑中懕數日不止人主分北兵爲憂〔開元占經一百二十〕

海數見巨魚邪人進賢者疏〔書劉昭補志 書五行志下之上 後漢〕

引易傳同

眾逆同志厥妖河魚逆上　開元占經一百二十　漢書

逆同志厥妖　河魚逆流上　五行志下之上引易傳云眾

魚入師中司馬將戰勝魚飛集於司馬鼓上司馬當之

魚飛者國無禮義則魚飛水有淵奧即魚居焉國無

禮義民去焉故魚飛不救有虛邑其救也安民治業定

禮興樂　開元占經一百二十

亢蚖冬出則軍凶　青蚖見足軍中將罷　蚖羣聚大

道上邑有急兵　蚖聚於國必有圍城　黃蚖見於邑

旱長蚖見大水　開元占經一百二十

蛇鳴君室凶　開元占經一百二十

見山聖蛆入於邑內殺　開元占經一百二十　下引廣雅曰蜈蚣也

蟻無故當道若門戶城聚土水且傷人　開元占經一百二十　案一本

故當道若門戶城郭聚土水且傷人　又吳淑事類賦引蟻無　開元占經一百二十

螻蛄大如斗長一丈見邑且有賤人貴　開元占經一百二十

吏爲貪狠多螟螣宮室奢蟲食葉　開元占經一百二十

政無節蟲食葉　開元占經一百二十

臣安祿厥災蟲食根不紃無德蟲食本害忠孝蟲食根　漢書五行志下之下引易傳云　不紃無德蟲食本　開元占經一百二十

軍行道逢蟲蛇怒兵大戰吏兵與馬賊將死以君任用　開元占經一百二十、

與公侯爭蟲蠚傷忠臣蟲食蠚　開元占經一百二十

五校亂錯故致此怪　開元占經一百二十、

京氏易卷四終

# 京氏易卷五

漢　魏郡　太守　京房　撰

庚申科舉人充　實錄館校錄候選知縣王保訓集

## 易妖占

天鳴有聲人主憂　晉書天文志中　開元占經三
乾象通鑑引天有聲人主有憂

天有懸車之聲人主憂　徵部

天裂陽不足下害上之象天裂見人兵起國亡天開見
開元占經　天裂見人兵起國亡天開見

光血流滂滂　御覽咎徵部　開元占經
三引天開見光血流滂滂
三引天開見光血流滂滂

天分因作亂之君無道之臣欲裂其土國之主當之元
開

天雨粟不肖者食祿與三公易位　御覽百
穀部

占經
三

天雨稻黍者亡天雨稻大臣當株誅 御覽一百 穀部

天雨黍粟大人出走 御覽一百 穀部

天雨棗民流亡也 御覽 穀部 果部

天雨毛羽貴人出走 宋書五行志二

天雨毛邪人進賢人逃貴人走 書五行志中引天雨毛羽貴人出 走又開元占經三引易占云

天雨肉盈寸過一時朝廷有內變人君惡之亦曰臣弒 乾象通鑑

君亦曰君族離散流亡 乾象通鑑

天冬雷地必震敎令撓則冬雷民饑 御覽天部 又咎徵部 開元占經 又引敎令撓

注引天冬雷地必震 後漢書劉昭補 一百二引京氏同

地自陷其君亡 隋書五行志下五

地分裂羌夷叛 行隋志書下五

陰倍陽地分坼

地分下叛主賢明者退不肖者進開元占經四<br>乾象通鑑

地劈大者此謂兵起天下分離長一里以上及成谷其開元占經四　乾象<br>通鑑引地分裂下叛

中有水且至所謂地劈者坼也開元占<br>經四

地劈於邑城毀廢劈於邑朝天下有大兵其邑獨亡春開元占

夏無傷劈於朝廷邑分離為數鄉劈於宮殿室邑社稷

滅亡劈於社稷及大祠其下邑有大殃劈於上塚下民

開元<br>占<br>經四

地以正月劈不傷歲以二月劈人主吉歲樂以三月劈

歲熟吉以四月劈人主吉歲熟五穀登以五月劈五穀

開元占經四<br>乾象通鑑

不肖者進

上賢者退

收以六月劈此歲定無傷以七月劈有驚駭兵起發以

八月劈兵大作民流亡以九月劈有兵行人主恐亡以

十月劈有亡邑有兵以十一月劈民不安兵大作以十

二月劈人主大將亡 <sub>開元占</sub>經四

地劈有狀掌掌闌闌此兵起邑分有音响响亂天下不

安傳驛相從 <sub>開元占</sub>經四

地分坼軍破將急出出去不可止 <sub>開元占</sub>經四

地自下其君亡 <sub>開元占</sub>經四

家無故宅自陷下此必人亡其邑郡矣 <sub>開元占</sub>經四

地以正月自下宜有大事以二月自下□□以三月自

下水大以四月自下火至以五月自下不吉天下有兵

民分離鄉以六月自下大水且至多不常以七月自下

天下兵大行以八月自下天下大搖民多行以九月自

下有亡主以十月自下天下有兵以十一月自下有水

且行以十二月自下大水且移者傷 經四 開元占

地生毛百姓勞苦　功臣戮厥地生血 經四 開元占

地動驚牛馬禽獸者天子失位地動於宗廟朝廷者邑

有叛臣 乾象 通鑑

國無忠臣地動不已 通鑑

地以春動者歲不昌地以夏動者人主憂五穀不熟地

以秋動者有兵起地以冬動者邑有土功 乾象 通鑑

地動者教令從臣下出其下歲饑必有流血 乾象 通鑑

地坼者下有兵起　乾象通鑑

地長四時暴占春夏多吉秋冬多凶　法苑珠林第七十二

凡日赤無光皆主君凶也　開元占經五

君不明日無光　開元占經五

赤雲貫日者狀如建鼓此謂守威有屍下此云啟之所攻也　開元占經六

天下雲盡赤日無光三十日有兵、乾象通鑑　開元占經六

姦臣盛則日晝昧　乾象通鑑　開元占經六　引易占云姦臣盛日晝昏

日蝕無道之君當之　開元占經九

日蝕盡臣欲殺主一日歲有敵起君一日有喪　開元占經九

日以甲乙有二珥而蝕東西南北有白雲衝之天下有

190

兵 日以丙丁有二珥而蝕有黑雲衝出東南西北天

下有兵 日以戊己有二珥而蝕上有青雲衝出東西

南北人主有喪 日以庚辛有二珥而蝕從下始又有

赤雲衝出東南西北三邑兵作 日以壬癸有二珥而

蝕有黃雲衝出邑有土功事又乾象通鑑引 開元占經九

日以春二珥而蝕從下始大半邑有死主 開元占經九

日以春三珥而蝕從上始大半天下邑有小兵重以喪 開元占經九

日以春四珥而蝕從下始大半天下凶 開元占經九

開元占經九

日以春暈三珥而蝕從上始天下有兵 開元占經九

日以春暈四珥而蝕從下始天下有大喪 開元占經九

日以甲乙日有二珥四珥而蝕者有白雲中出天下有

兵　日以丙丁日有二珥四珥而蝕者有黑雲中出天

下疾疫　日以戊己日有二珥四珥而蝕者有青雲中

出入主有兵喪　日以庚辛日有二珥四珥而蝕者有

赤雲中出天下有繫　日以壬癸日有二珥四珥而蝕

者有黃雲中出有土功事 乾象通鑑

日蝕既者其下臣欲弒主夷兵起一日霸者與 乾象通鑑

月行南為旱北行為水當道天門駟之閒天下大安五

穀大得人主延年益壽 開元占經十一 乾象通鑑引 月行南道為旱月行北道為水

月行中道天門之閒則天下大安五穀豐登人主益壽

月變色青為饑與憂赤為爭與兵黃為德與喜白為旱

與喪黑爲水民多死 開元占

月無光臣下作亂教令不行民饑國亡 開元占經十一

月無光臣下作亂 乾象通鑑引

教令不行民饑

正月月無光兵起人多死亡二月月無光有不測之變

異事三月月無光有水災四月月無光主大旱五月月

無光火災旱六月月無光六畜貴七月月無光蟲災歲

凶八月月無光兵起九月月無光布帛貴十月月無光

六畜貴十一月月無光魚鹽大貴十二月月無光

大貴若九月至十二月皆無光明年五穀大貴 開元占經十一

月毀爲三四五六見天下亂將相伐主 開元占經十一

月自天墜有道之國亡 開元占經十一

月出地中庶民爲王公開元占經十一

月與熒惑相犯戰勝之國大將鬬而死開元占經十二

月犯辰星天下大水開元占經十二

星與月同光臣不作亂則人民非上開元占經十三又引京氏云人民

非上令不行又乾象通鑑引

易傳云星與月同光臣不作亂

月犯畢天下有變令開元占經十三

月中有星天下有賊星多者賊多開元占經十三又乾象通鑑引易傳云

同易占

月犯熒惑天下有女主憂開元占經十四

以十五日月蝕而盡此謂毀亡其君有喪大水開元占經十七

月蝕於房天子有喪開元占經十七

月蝕於畢天下有小兵 開元占
經十七

君多虛飾則熒惑失道 開元占經
五十三

鎮星犯逆翼宿其國君臣不臣亦曰有叛謀 乾象
通鑑

翼主四夷外國太白失度犯之外國交侵所宿國若光 乾象
通鑑

芒四散奄翼星其野兵起不有殺將必有屠城 乾象
通鑑

客星犯翼其色青或赤白其野有改立侯王亦曰其臣

不臣 乾象
通鑑

彗本有光芒四出不收旁及他宿光長數丈炘若火炬

其國有白衣之會亦主國有大喪 乾象
通鑑

孛星出犯翼宿其國有自立侯王亦曰女主干政 乾象
通鑑

軫主冢宰輔臣也鎮星句陳之精也女主人臣之象也

鎮星犯之不循軌度其國大臣有憂亦日女主惡之叉

日有女喪

周鼎星不聯屬三星相遠王者散徙失國祚子孫不昌

客星犯竉星則有火災亦日有白衣會

孛星竉星其下有白衣會亦日有兵火暴起人君惡之

獄吏暴害人臣專政暴風折木

暴風折柱邑有大憂暴風折木吹草上屋且有急令獨

祿風入宮人主死飄數相從入殿門有凶疾憂以此亡

飄留君門一旦一夜不去亂兵在門獨祿風者回轉風

也御覽咎

雨鳴瓦任威武大臣專擅霖雨壞道尚書洪範咎徵曰

恆狂雨若御覽咎

徵部

雲行如帚雲下有兵也北堂書鈔天部

雲形如烏雲下有兵北堂書鈔天部

陣雲貫月朝韓魏□□云北堂書鈔天部

天無雲雲自出且有兵出邑且有水如帚如烏其下有兵御覽咎徵部

虹出君池若飲君井其君無後御覽咎徵部

白虹在日爲喪又爲兵北堂書鈔天部又御覽天部引五星占云雷電殺人何雷天

虹出君池若飲君井其君無後開元占經

白虹在日爲喪又爲兵開元占經九十八

夫雷天拒難折衝之臣引五星占云雷電殺人何雷天

拒難折衝
之臣也

賦類

大霧君迷惑雲霧四起則時多隱士初學記天部御覽天部吳淑事

春當退貪殘進柔艮恤孤幼賑不足求隱士萬物應節藝文類聚天部又北堂書鈔歲時部又引春分退貪殘進柔艮恤孤幼賑不足求隱逸之火不足

而生隨氣而長是爲春令也歲時部又引春當退貪殘進柔艮恤孤寡賑不足求隱

殘進溫艮賑不足求隱逸春當退貪殘進柔艮恤孤幼賑不足求隱時賑不足又引春常退貪殘進柔序部又引春常退貪殘進柔士萬物應節而生隨氣而長所謂春取榆柳之火又吳淑事類賦引春常退貪殘進柔士萬物應節而生隨氣而長隱士則萬事類賦引春常退貪殘進求而隱出隨氣而生節而出隨氣而生

夏至離王聲去景風用事人君當爵有德封有功初學記歲時部

御覽時序部

立秋坤王涼風用事　初學記歲時部　御覽時序部引

立冬乾王不周風用事　易占云立秋坤王去涼風用事

罪乾王不周風用事人君當興邊兵治城郭行刑斷獄　御覽時序部引　又藝文類聚歲時部引易說云立冬

冬至繕宮殿封倉庫也　訟繕宮殿　序部引易說云冬至繕宮殿封

倉庫　北堂書鈔歲時部　又御覽時序部

春夏寒政教急　御覽時序部

正月建寅律爲太蔟□□□□招搖生聚少陽解凍其　藝文類聚歲時部

氣溫柔逆之則寒

山以春崩亡邑有拔城以秋崩人主惡之以夏崩人主

有亡天下大水以冬崩多飢民起　開元占經九十九

山崩絕輔臣亡　開元占經九十九

山以二月崩其邑戰以八月崩有兵以十一月崩主降

民從而行　開元占經九十九

河水溢三公黜　北堂書鈔政術部

地生毛百姓勞苦　開元占經四

功臣戮厥地生毛　開元占經四

人生他物非人所見者皆為天下大兵　宋書五行志五

人生子陰在首天下大亂在腹天下有事在背天下無

後　宋書五行志五法苑珠林第二十五

人生子有二胸民謀其主　御覽人事部

人生有二腹其國分　御覽人事部

人生子無尻國主以仇亡 御覽人事部

君用婦言則雞生妖 新唐書五行志上

七月鳩化為鷹 藝文類聚鳥部

豕生人頭豕身者邑且亂亡 朱書五行志五 北魏靈徵志上

野獸無故自死邑中門者邑且空 開元占經一百十六

龍乳人家王者為庶人 朱書五行志五

蛇見於邑不出三年有大兵國有大憂 宋書五行志五

大蛇見神祠不出三年有大兵國有大憂 開元占經一百二十

魚去水飛入道路者兵且作 晉書五行志中 朱書五行志五 法苑珠林第二

十

害忠孝蟲食苗根 藝文類聚災異部

四十

海燕自來眾燕隨之穀不登失春政則蒼燕見於邑多

流亡失夏政則赤燕見於邑失秋政則白燕見於邑失

冬政則黑燕見於邑皆如春占　御覽時序部

日水出大臣咎　開元占經一百十四

野獸無故自死邑中門者國且空　開元占經一百十六

易飛候

天雨羽毛其國大飢　隋書五行志上　開元占

天雨羽毛大人出亡　開元占經三

天雨羽君德不通逆於天下國飢民相食　開元占經三

天雨土百姓勞苦而無功是謂高社民勞苦繁於土功　隋書五行志下

不安主外戚有謀　開元占經三　隋書五行志下引天雨土百姓勞苦而無功

202

天雨骨師將破亡 開元占經三

天雨膏其國有急 開元占經三

天雨血流染衣其國亡君戮 開元占經三 志下引天雨血染衣國亡 隋書五行

君戮

天雨金鐵大兵入 開元占經三

天雨鐵錢其國大飢 開元占經三

天雨兵其國大疾 開元占經三

天雨笠國人大飢 開元占經三

天雨杵其國大飢 開元占經三

天雨土是大凶民人負於東西莫居其鄉 開元占經三

天雨土是謂高土百姓勞苦繁於土功主國家危 開元占經

三

天雨五穀其國大飢 開元占經三

天雨黍為政者去大人出死他國三年有死將 開元占經三

天雨榛兵起西方 開元占經三

天雨草國有殃民破亡 開元占經三

君信讒臣不和天雨草木其歲民多兵死 開元占經三

天雨梳其國有權臣 開元占經三

天雨釜甑其國大飢 開元占經三

天雨蘗其君有咎 開元占經三

天雨火是謂大凶民人賣其子東西莫居其鄉 開元占經三

天官見師為禍司馬必敗 司馬謂兵師也 開元占經三

王者不顧骨肉不親九族則天殞石

開元占經三

地有訩訩若嗷嗷爲凶祥所愛子死邦有殃

開元占經四

不顧骨肉不親九族厥德已衰土出光

開元占經四

天不下雨而地自出泉其國大水亂從中生

開元占經四

地以春動歲不昌

隋書五行志下

地動以夏四月五穀不熟人大饑

隋書五行志下

地動以夏五月人流亡

隋書五行志下

地動以十一月者其邑飢亡

隋書五行志下

地震以十一月邑有大喪及飢亡

隋書五行志下

地冬動有音以十二月者其邑有行兵

隋書五行志下

聞善不及茲謂不知厥異黃厥咎龍厥災不祠

隋書五行志下

正月有偃月必有嘉王

喜　又開元占經十一引正月有偃月必有喜

又休徵部引正月偃月國必有

月生八日當中五日六日而中有兵在外大戰　開元占經十一

船雨黑蒼雲如櫛縣蔽日月五日內雨雲如兩人提鼓　開元占經十一

持橾有黑雨四望見青白雲名曰天塞之雲　開元占經九十七　又引

又北堂書鈔天部引當有雨黑雲如羣羊奔也又引當雨黑雲有如飛鳥

黑氣如風如覆雲當日雨凡有候雨以晦朔弦望雲漢四塞者皆有

又又東御覽天部引當日雨凡有黑雲如船覆於月下當日大雨

當黑雨氣如羣羊奔牛如飛鳥當雨當有黑雲如水浮天虹皆三日雨北斗雨

獨有蒼雲黑雲五羊奔飛鳥四望見青白雲名曰天塞之雲如羣羊奔如

徵日皆黑雲不五日大雨四望見青白雲必雨雲名曰天塞之雲細如

持橾皆爲五日必雨

蔽日五月五日必雨

飛鳥五月五日必雨

日必雨　又引諸事凡候雨有黑雲如羣羊奔如

太平之時十日一雨凡歲三十六雨此休徵時若之應

初學記天部　御覽天部　又開元占經九十二引京

房日太平之時一歲三十六雨是爲休徵時若之應凡

雨三日以上爲

霖久雨爲霪

諸六甲日無雲一旬少雨<sub>開元占經</sub>九十二

月離畢之陰則雨離畢之陽無雨<sub>開元占經</sub>九十二

視四方常有大雲五色具其下賢人隱青雲潤澤薇雲

在西北爲舉賢良<sub>藝文類聚天部　又北堂書鈔引</sub>又<sub>視</sub>

引青雲澤□□在日西北也四方常有大雲五色俱齊不雨又

常有大雲五色其下賢人隱也青雲潤澤人事部何以知賢

人隱師日視四方有大雲五色具而不雨下賢人隱也

賢良黃雲如覆車大豐也又御覽人事部何以知賢人引

人隱部日視四方有大雲五色具而不雨下賢人隱也

又逸民部引以知賢人引四方常有大雲五色具而

不已其下賢人隱又吳淑事類賦引視四方常有大

賢雲五色其下

人隱也

有雲大如車蓋十餘此陽冰之氣必暑有暍者

部又唐韓鄂歲華紀麗

如車蓋十餘此陽火之氣必暑有暍者　白孔六帖卷四引有雲大如車蓋有暍者　又御覽天部

同又疾病部引有雲大如車蓋

十餘此陽滲之氣必暑有暍死也

虹凡相有五法蒼無胡虹也赤無胡者蚩尤旗也白無

胡者蜺也衝不屈者天杵也直上不詘者天棓也此五

虹以甲乙出東方歲若穀大賤犬食人食丙丁出南方

天下大旱庚辛出東方甑釜不見邑有空戶五步六死

人壬癸出北方民人相食　開元占經九十八

虹以四月五月六月出西麥貴七月八月出西粟貴九

月出西大小豆貴十月出西穀貴一出一倍再出再倍

三出三倍四出四倍五出五倍飢民流千里十月虹出

東北者其國亡

虹至橫至上及入又不曲正直者不出九十日民多病 開元占經九十八 御覽天部引虹八月出西方粟貴

死不出三年大旱民流亡所照之國尤甚虹出直上行

名曰章所出之處民多病而死民多瘟者不然大旱千 開元占經九十八

里民多妖言所照之國尤甚 開元占經九十八

溫而不雨虹出無處者下民不安之象也　溫而虹出 開元占經九十八

人家屋姙婦多死家破敗

夫王道之始先正夫婦夫婦正則父子親父子親則君

臣忠君臣忠則化行王道之興無不以德衰無不以危

天見變異以爲戒欲其覺悟故爲虹蜺之異所以譴告

人君也后專夫權民苦刑殺人妖君失道故虹蜺五色

也開元占經九十八

赤虹如杵萬人死其下白虹亦然開元占經九十八

霜成就萬物北堂書鈔天部

雷雨霹靂兵陵者逆先人令爲火殺人者人君用讒言

殺正人隋書五行志上

誅過深當煥而寒隋書五行志上

秋分而人君釋鐘鼓之懸御覽天部

夏雨雪國殃必有喪司馬爲亂君死國亡開元占經一百一

夏而凍其鄉有流亡開元占經一百一

夏有遺冬人民行訴開元占經一百一

夏而大寒其國有急冬而不凍澤其鄉有疾疫開元占經一百

冬至後十日不凍者人君令不行刑不嚴一日緩死罪

不誅 開元占經一百一

甲乙日有霧疾疫丙丁日有霧旱戊己有霧鄰國有城

役無軍有土功事庚辛有霧兵壬癸有霧爲水 開元占經一百

一

冬霧及其門 時一作日 懸一作 而霧馬馳人起不雨霧土
疑

兵所起 開元占經一百一

涌水無處不流殺人八七日七年聖人滅 開元占經一百 又引宮水化

爲血七日七年聖人滅

水自赤光如血其國有流血 開元占經一百

水無故高山上出邑亡兵起 <sub>開元占</sub>經一百

水無故市中出邑兵大作 <sub>開元占</sub>經一百

泉水沸此謂賤人將貴王者不顧骨肉不親九族厥德 <sub>開元占</sub>經一百

亡泉涌沸 <sub>開元占</sub>經一百

大水至國賤人將貴 <sub>隋書五行志上</sub>

月生八日北向陰國亡地月不盡八月北向陽國亡地

月生八日當六兔色上旬糴貴無則上旬糴賤不盡八 <sub>開元占</sub>經十一

日兔色下旬糴貴無則豐而下旬賤 <sub>開元占</sub>經十一

月之光如張芒炬所宿之國立君三齊所宿之國立將

軍上卿 <sub>開元占</sub>經十一

月不光貴人死 開元占經十一

月生無光君子徒凶 開元占經十一

白雲如杵長七尺衝月所宿之國人主死杵柄中月王

后死入月中王后當之月戴珥主人來疾 開元占經十一 開元占經十五

月暈參其有兵則戰無師是年三操土功事 開元占經十五

孟月六日而暈月蝕仲月七日暈月蝕季月八日暈其

月蝕失刑所宿之國當之 開元占經十七

月當交而蝕君子道長小人道消 開元占經十七

月蝕盡則有亡國不盡有失地 開元占經十七

月暈蝕殃祥得其日者吉得其時者凶 開元占經十七

月春蝕有憂夏蝕有兵起民無有一月糧雜貴 開元占
經十七

角日疾風天下昏不出三月中兵必起 隋書五
行志上

羽日疾風天下昏人大疫不然多寇盜 隋書五
行志下

何以知聖人隱也風清明其來長久不動搖物此有龍

德在下也 御覽
天部

凡占雨以晦朔弦望雲氣四塞者皆雨東風則當日雨

黑氣如牛臨者有暴雨黑氣如水牛者不出三日大雨

黑氣如羣羊奔如飛鳥五日必雨黑雲氣如浮小人踊 隋書五
行志上

躍無所畏忌陰不制於陽則涌水出 隋書五
行志上

雹下盡樹木枝害五穀者 御覽咎
徵部

木再榮國有大喪 隋書五
行志下

木秋葉落七十步人民移徙大飛揚人民離鄉　開元占經一百二十

枯楊生荑斷枯復生天辟當之　開元占經一百十二

樹泣寶邑虛虛邑實　開元占經一百十二

國將易君下人不靜小人先命國凶有兵甲　隋書五行志上

食祿不益聖化天視以蟲蟲無益於人而食萬物也　隋書五行志上

妖言動眾者茲謂不信路無人行不出三年起兵　隋書五行志上

鬼夜哭國將亡　隋書五行志上

人生子足小此謂下約不出三年邦消亡　開元占經一百十三

人生飛鳥茲謂不祥司馬將兵上卿亡<sup>開元占經一百十三</sup>

人生子形如飛鳥面者大水行兵戰人生飛鳥有人形者天下分<sup>開元占經一百十三</sup>

鸞見於國天下大安<sup>開元占經一百十五</sup>

鳥無故巢居君門及殿屋上邑且虛<sup>隋書五行志下</sup>

鳥鳴門闕如人音邑且亡<sup>隋書五行志下</sup>

野鳥入君室其邑虛君亡之他方<sup>隋書五行志下</sup>

雞鳴不鼓翅國有大害<sup>隋書五行志上引雞不鼓翼國受大咎</sup>

雞夜鳴急令昏而鳴百姓有事人定鳴多戰夜半鳴流<sup>開元占經一</sup>

流血漫漫<sup>行志上隋書五行志上</sup>

雞逐日不下樹其邑必有水憂<sup>開元占經一百十五</sup>

崔巢於木茲謂上祿必有棄職　開元占經一百十六

麏入邦爲國虛　開元占經一百十六

麏見於邑有臣戮　開元占經一百十六

麏入市邑有憂　開元占經一百十六

麏入宮都而國虛　開元占經一百十六

狐入君室室不居　隋書行志上五

君失春政則蒼狼入於邑君失夏政則赤狼入於邑君失秋政則白狼入於邑君失冬政則黑狼入於邑　開元占經一百十六

失秋政則白狼入於邑君失冬政則黑狼入於邑　開元占經

狼逐家人犬者夷狄且來入君邑中　開元占經一百十六

狼鳴於邑中邑且空狼伏邑中有兵　開元占經一百十六

赤狼見於國不出三年必有大禍野人爲政
開元占經
一百十六

兔入王室其君亡
隋書五
行志上

野獸入邑及至朝廷若道上官府門有大害君亡
隋書
五行

野獸入邑及至朝廷若道上官府門有大害君亡
志上

野獸羣鳴邑中且空虛
開元占經一
百十六
開

野獸入居室茲謂不轉德室不居
開元占經
一百十
六

鼠無故羣居不穴眾聚者其君死
隋書五
行志上

鼠舞於門厥咎亡鼠舞於庭厥咎往死
御覽
獸部

下無巨火人不實則魚生人
開元占經一
百二
十

螻蛄集朝廷厥咎黜
開元占經
一百二十

蚯蚓螻蛄見軍中尤多師將罷有謀者不久地生諸蟲

將軍急去大凶開元占經
一百二十

眾心不安厥妖龍鬬隋書五
行志上

京氏易卷五終

漢　魏郡　太守　京房　撰

庚申科舉人充　實錄館校錄候選知縣王保訓集

別對災異

地者大臣之位當載安萬民懷藏物類而動搖者此不
欲為君載安萬民動搖思欲不安思欲篡殺也　開元占經四
又乾象通鑑引地者大臣之位當載安萬物懷藏物類今
動搖者此不欲為君載安萬民搖動不安思欲篡逆也
陰倍陽則地坼臣叛君則義廢此人君不親上下不厚
致此災也不抹則骨肉相殘父子分離氏羌叛去　開元占經
四又乾象通鑑引陰倍陽則地岸坼臣叛君則義廢
此人君不親上下致此災也不救則親戚離羌夷叛
日行房乘三道太平上道昇平中道霸世行下道矣　開元

京氏易八卷（清《木犀軒叢書》刊本）

古經五

隋書天文志上引太平日行

士道升平日行次道霸代日行下道

國有讒佞朝有殘臣則日無光暗冥不明易日日中見

十日中星見明其冥也故貶之為暮也其救也遠佞諂

逆忠直修經典閉私道則日光明　開元占經六

人君驕溢專明為陰所侵則有日蝕之災不救之必有

篡臣之萌其救也君懷謙虛下賢受諫位有德祿有智

日蝕災消也　開元占經十　又隱公三年穀梁注引易

者陽之精人君之象驕溢專明為陰所侵則有日食之

災不救必有篡臣之萌其救也　又乾

象通鑑引人君驕佚專明為陰所侵則有篡弑之萌

則有日食之變　開元占

日月薄赤見日中烏將軍出旌舉此不祥必亡　開元占經六

日鬪或赤或白或蒼或黃虎入邦此謂守邑破亡周君

易學經典文庫

以此亡
經六 開元占

數日俱出若鬬天下兵大戰
經六 開元占

日蝕盡無光露者亡其邑
經九 開元占

人君好用佞邪朝無忠臣則月失其行天有三門房星
其準也其中央曰天街南二星閒而陽環其南星之下
日太陽道北二星閒而陰環其北星之上曰太陰道月
行由天街則天下和平行太陽道則爲兵行太陰道則
爲水
經十 開元占
乾象通鑑引人君好用邪佞朝無忠臣則月失行

月畫明奸邪並作專明擅君之朝
經十一 開元占

月若畫明者月爲臣曰爲君臣以明續君黨當在其時
不可與君用力含穢以舒刑今畫明者奸邪並作專明

擅君之朝不救則失其行而毀矣其救也出退強臣斷
讒佞近直臣親賢良則月得其行不可專明矣〔開元占經十一〕
占月三暈畢天下中外俱赦〔開元占經十五〕
月蝕者人君行適過時專受所致也不救則致水災壞
城〔開元占經十七〕
又乾象通鑑引月蝕者人君行適過時專受所制不救則水患壞城
人君不行仁恩破胎傷孕春殺無辜則歲星失度〔御覽天部〕
又答徵部引五星占云歲星失度何人君不仁春殺
無辜則歲星失度其救也慈仁敬讓廣恩惠施無犯四
時則歲星承度 又開元占經二十九引京氏云人君
不行仁義破胎傷孕春殺無辜則歲星失度
不救則歲星失度
殺君
殺兄臣
熒惑作變為華州人君之禍也出於東骨肉欲篡近北
邊國謀入於西則兵大起蠻貊戰入斗則大臣叛徑東

西萬民病不救之則致日食既下謀上其救也設立政

事正圖書修經術改惡爲善也則國家安矣 <sub>開元占</sub>
<sub>經三十</sub>

人君內無仁義外多華飾則辰星失度不救必有逆主
之謀其救也明刑慎罰審法必中無縱繕治城郭可以 <sub>開元占</sub>
<sub>經五十</sub>

則辰星失度其救也明刑慎罰審法必中
云辰星失度何人君內無仁義外多華飾 <sub>御覽咎徵部引五星占</sub>

聘士來賢廣恩行惠則災消矣 <sub>開元占經五十八又</sub>
<sub>御覽咎徵部</sub>

之謀其救也明刑慎罰審法必中無縱繕治城郭可以

人君薄恩無義懦弱不勝任則太白失度經天則變不

救則四邊太動蠻夷侵也 <sub>開元占經四十六</sub>

迴風起何風者天之號令也當直而正並而不偏佞人

眾君迷惑則迴風起不救則至逆風起其救也用公直

黜邪枉此災消矣 <sub>御覽咎徵部</sub>

狂風發何人君政教無法為下所逆則致狂風發泄其

救也修政教聽賢士風消矣<sub>御覽咎徵部</sub>

人君擅私恩恣意重情不與臣下同謀卽致偏雨夜墮

也不救致苦雨降萬民愁潦水絕道其救也與公道無

私黨此災消矣<sub>御覽咎徵部</sub>

無雲暴雨何人君封拜無功進無德則致不雲而雨暴

過惡暴揚誅及無罪密雲而不雨其救也誅彊卽弱信

及兆民雲雨時也<sub>御覽咎徵部</sub>

虹霓貫日客殺主專君位大臣秉樞不救之則兵至宮

殿戰九十八<sub>開元占經</sub>

虹霓近日則姦臣謀貫日則客伐主其救也釋安樂誠

非常正股肱入賢良

御覽咎徵部　開元占經九十八

雷鳴連而不絕者何夫雷鳴萬里今鳴不絕此謂人君行政事民不恐懼也故致浮雷之災雷當先電而鳴雷

御覽咎徵部

又開元占經一百二引雷鳴連而不絕者此謂人君政事無常不恐懼而後電者此又雷電俱出或先鳴

今與電俱出或鳴而後電何此謂執法者貪苛致災也

謂執法貪苛

久旱何人君无施澤惠利於下人則旱不救蝗蟲害殺人君亢陽暴虐與師動眾下人悲怨陽氣盛陰氣沈故旱萬物枯死數有火災此金失其性若夏大旱則雩祠之以素車白馬布衣以身為牲或云誅讒佞之臣於市則三日之內雨降於天矣

御覽咎徵部

久旱何日人君無施澤惠利於下則至旱也不救則蝗

蟲害穀其救也宥謫罰行寬大惠兆民勞功吏賜鰥寡

稟不足
藝文類聚災異部又後
漢書劉昭補注引易占同

山者三公之位台輔之德也乃興雲出雨漫漑萬物助

天成功今崩者此謂大臣懷叛不忠也
開元占經
九十九

河水赤者獄有冤恨誅殺不當則致河水赤也其救也

正獄刑解疑罪
開元占
經一百

江河沸者有聲無實此謂執政者懷姦不公眾邪並聚

則致此災不救必有叛君謀其救也令百官舉公直選

有德置於政
開元占
經一百

井水沸者謂人君好用讒邪所致也
開元占
經一百

水中火出何所謂陰氣溢亡陽施也女妃無陽則敵氣
溢至水中火出不救有天殃陰害陽其救也正妃妾率
後宮施命令誥四方嫁貞女賜鰥寡此災卽消開元占一百
五穀無實何君無仁德臣懷叛戾華飾虛舉薦賢名實
不相副內為蘇秦之行外似夷齊之行故致五穀多無
實朝廷無賢害氣傷稼不收國大饑其救也選明經舉
茂才改往修來退去貪狼施恩行惠賞賜勞臣此災消
矣　御覽咎徵部
人君斥賢任佞眾讒在朝而鼠羣行倉五穀開元占一百
天生萬物百穀以給民用天地之性八為貴今蝗蟲四
起此謂國多邪人朝無忠臣蟲與民爭食居位食祿如

蟲矣不救致兵起其救也舉有道置於位命試諸明經

此災消也 續漢書五行志

三注補引易占

雷以十一月起黃鍾二月大聲八月閉藏此以春夏殺

無辜不須冬刑致災蟄蟲出行不救之則冬溫風以其

來年疾病其救也恤幼孤振不足議獄刑貰謫罰災則

消矣 後漢書劉

昭補注

君賢臣職五穀豐滋歲時部

北堂書鈔

易說

日者至陽之精象君德立黃照耀五色 御覽休

徵部

下侵上則日蝕 開元占

經九

月與星至陰也有形無光日照之乃有光喻如鏡照日

即有影見月初光見四方望巳後光見東皆日所照也

御覽
天部

春有白鶴雲　序部
御覽時

立夏清明風至而暑鶴鳴博谷飛電見龍升天　名龍心星御
覽時
序部

夏至離王聲去景風用事人君當爵有德封有功　初學記
歲時部
部引易占同
序部

坤西南也主立秋　御覽時
序部

立秋坤王涼風用事　初學記歲時部引
御覽時序　易占云立秋坤王去涼風用事

秋分閶闔風至雷始收聲鷙鳥擊玄鳥歸　御覽時
序部

兌西方也主秋分　御覽時
序部

京氏易八卷（清《木犀軒叢書》刊本）

立冬乾王不周風用事人君當興邊兵治城郭行刑斷獄訟繕宮殿

藝文類聚歲時部　又御覽時序部引易妖占云立冬乾王不周風用事人君當興行刑決罪　邊兵治城郭

冬至坎王廣莫風用事人君決大刑斷獄訟繕宮殿

御覽時序部　御覽

坎北方也主冬至

御覽時序部　又北堂書鈔歲時繕宮殿封倉

冬至繕宮殿封倉庫

御覽時序部引易妖占云冬至繕宮殿封倉庫也

臣動養君其義理也必望利下弗養道厭妖國有被髮於野祭者

御覽禮儀部引五經異義引京易

五星占

五穀俱傷君無德也北堂書鈔治道部
御覽百穀部

雷電殺人何雷天拒難折衝之臣也君承用節度卽雷
以節暴人威福則雷電殺人御覽天部吳淑事類賦
又開元占經一百二引
人君承用節度卽雷風以節暴行威福則雷霆擊人其
救也議獄緩死則災消矣又北堂書鈔引易飛候云
夫雷拒難
折衝之臣

歲星失度何人君不仁春殺無辜則歲星失度其救也
慈明敬讓廣恩惠施無犯四時則歲星承度熒惑失度
何人君內無法紀輕薄房室外行慢易斂奪民財則熒
惑失度其救也爵賢位德養幼廩孤命樂師趣靴鼓合
歡欣熒惑還度天心得矣太白失度何人君薄恩無義
懦弱不勝任則太白失度其救也舉有義任威用武則

太白復兵氣消矣填星失度何人君內無仁義外多華

飾則鎮星失度其救也治社稷修明堂近方直之人此

災自消也辰星失度何人君內無仁義外多華飾則辰

星失度其救也明刑慎罰審法必中

御覽天部引對微部部引對災異又辰

人君不行仁恩如雨不救云人四時則熒惑失度又云又

開元占經二十九引破胎傷孕春殺人君無辜則歲星失度又

春殺人君無辜則歲星失度又云歲星失度其救也辰中又

十八無辜則歲星失度輕則薄蝕重則救也又功失度又無縱十

星失度君隕房室外列行慢易爵位過下三

廣恩隲引京氏云人君奪民膿則君內無仁廣恩外惠多華則災消也

十五賦斂京氏云弟殺君不仁傷胎則歲星失度君隕房心得救也追功中星又無三

不理養幼孤主君內無仁義失度天心多華則災消法必辰中星又縱十

德養賢異主謀其救也內無仁廣義外惠多華則罰審災消法必辰中星

對災巽以之云上來無賢廣義外惠多華則罰審災消法矣辰星失度

必有逆可逆云孤謀君內無仁廣義外多華則罰審災消矣中星又三十

城郭氏云上謀來賢救也廣義外惠多華則災消矣辰星失度又

引京氏聘謀君內救廣義外惠多則填星失度又三十入東西

叛逆不救必憂禍雪其救也治社稷飾明堂近方直視厚

風角要占

妖星皆見於月旁互有五色方雲以五寅日見各有五

星所生云　天槍　天根　天荆　眞若　天猿　天

樓　天垣　皆歲星所生也見以甲寅其星咸有兩青

方在其旁　天陰　晉若　官張　天惑　天雀　赤方

若　蚩尤　皆熒惑之所生也出在景寅日有兩赤方

荆彗　皆填星所生也出在戊寅日有兩黄方在其

在其旁　天上　天伐　從星　天樞　天翟　天沸

旁　若星　帚星　若彗　竹彗　牆星　棒星　白

蘿　皆太白之所生也出在庚寅日有兩白方在其旁

天美　天羹　天杜　天麻　天林　天高　端下

皆辰星之所生也出以壬寅日有兩黑方在其旁

三十五星五行氣所生皆出於月左右方氣之中各以

其所生星將出不出日數期候之當其未出之前而見

見則水旱兵喪饑亂所指亡國失地王死破軍殺將　晉書

天文志中　隋書天文志中引妖星皆見於月旁互有

五色方雲以五寅日見各有五星所生云　於天槍星生

箕宿中若星生天根方左在其角宿中其荊星天樓星生

其中若星生天垣星生中青方　星生氐宿中天心星生

五星咸有兩星生中青官　星生其旁中　天荊星真

星生天房宿中五根方寅天　星生　星　天

見則方有兩星生中天陰歲星星生軫宿中　天荊星生

星生柳宿中張宿中　皆生中　星生鬼宿中天惑星生

其中若星生張宿赤星也若出星在　星生以甲寅若

星生中天翟方天弼兩　星生中天惑星生中以

天弼兩黃方在天沸方在天沸方在天惑星生中若

荊若星生參宿中　　帚星生觜宿中　　　　　晉書

其井旁　天上星所從生也出在戊寅日有兩黃方在其畢宿中

中

宿中　竹彗星生昴宿中

白藋星生奎宿中

寅日有兩白方　生室宿中

天杜星生危宿中

天林星星生女宿中

宿中皆辰星之所生也出以壬寅日有

天高星生牛宿中

牆星生胃宿中

天羨星生壁宿中

天麻星生虛宿中

皆太白之所生也出在庚

天彘星生斗宿中端下星生兩黑方在其

檍星生妻

旁月在巳前三十五

於月在右所指亡國星失地王死破軍殺將

春甲寅風起申上來為大赦在六十日應也　初學記政理部

冬至日丁巳日有風從巳上來有大赦政理部　初學記政理部

微動羽有雹霜　初學記天部引徵動雨其雹霜　御覽天部

風清明高不及地二三尺者此下有聖人或清明其來

久長而不動搖樹木拔葉此龍德在其下　徵部御覽休

長居官辟盜法七月以生鼠九置於籠中埋申子地稱　御覽

九百斤土覆坎深各二尺五寸築之令堅固　獸部

朝雨法有黑雲如一疋帛二日中卽一日大雨二疋二

日雨三四十日雨　初學記天部　御覽天部引候雨法

有黑雲如一疋帛向日中卽日大雨

二疋爲二日大雨

三疋爲三日大雨

候赦法冬至後盡丁巳之日有風從巳上來滿三日以

上必有大赦　御覽時序部　序部

京氏易卷六終

238

漢 魏郡太守京房 撰

庚申科舉人充 實錄館校錄候選知縣王保訓集

外傳

天雨血國君被弒亦曰下有叛臣 乾象通鑑

火失其性則有草妖 乾象通鑑 又御覽咎徵部引易傳云火失其性則草妖

火失其性厭祆天赤雨草其國有陰謀大臣天雨枯草 乾象通鑑

色黃其下有兵火亦曰有急兵 乾象通鑑

歲將不登則天爲之雨穀天雨五穀其下有餓莩 乾象通鑑

天非時降雪迫陽也雪降非時亦臣迫君之象也 乾象通鑑

臣專刑茲謂分威蒙微而日不得明書五行志下晉書 乾象通鑑 又漢

五行志下引易傳云下專

刑茲謂分威蒙而日不明

日出有外黃霧帳天抵暮不解者人主失柄亦曰國失

政天陰連日不解無雲日赤光是謂晝昏占與日薄日

蝕同亦曰皇之不極厥罰將陰故日晝昏占曰有篡弑

之謀　乾象　通鑑

日出如火是謂失色占曰日失本色則王者惡之亦曰

兵喪　乾象　通鑑

月逆行失道不循常則國多陰憂行疾則其殃速行遲

則其禍緩　乾象　通鑑

太白經天逆入紫微留之久而不去則竟天下不有

亡國大臣宣布德化變理陰陽天下治安失常則大臣

侵人君權亦曰君弱臣強　乾象　通鑑

熒惑犯北斗魁則宰相以罪下獄一曰貴臣辱　乾象　通鑑

熒惑犯北斗則天下起兵一曰有急兵　乾象　通鑑

彗孛干犯三師星光芒炸若火炬則三公被黜亦曰三　乾象　通鑑

公有咎必有死君一曰天下更王　乾象　通鑑

辰星明大有芒角其國遠期一年其野有死君若光芒

四出犯中坐一曰國祚將亡　乾象　通鑑

星孛入穀則國用匱乏軍儲不繼盜賊據郡縣掠民財

民民受禍　乾象　通鑑

流星干犯內階則臣下侵權亦曰大臣不受制於人君

又曰臣逼君　乾象　通鑑

三師星微明黃潤爲常明大有怒角則爲失常星守常

則北斗傍有黑氣狀如禽獸大如布席不出三日必雨

不然有虜人入塞 通鑑

星孛天梧則百姓將亂一日國祚將傾 乾象

星孛天廚則五穀不熟斗米萬錢民不粒食 乾象
通鑑                                                 通鑑

白虹貫月犯太微庭則天子無出宮亦曰宮中有匿謀

乾象
通鑑

太白經天逆入太微垣留守二十日以上復成句已不

有亡國必有死君 乾象
通鑑

彗星入太微垣干犯三公幸臣外指上相上將則輔臣

大凶亦曰有逐相彗星出太微中對帝座王者惡之占

日彗除舊賓新又曰為兵喪不有亡國必有死君<sub>乾象</sub>
星孛直抵太微垣左右執法芒角炘若火燄隱有聲則<sub>乾象通鑑</sub>
執法者受戮星孛抵上玄相則大臣逐遠方抵觸上玄<sub>乾象通鑑</sub>
將則大將軍以叛不成見誅連家坐罪<sub>乾象通鑑</sub>
流星抵太微宮天子大亂若有奇令<sub>乾象通鑑</sub>
流星抵太微左右執法星則廷尉將命達於四方平理<sub>乾象</sub>
冤獄星流觸上相則姦謀陷大臣流星觸上將則有刺<sub>乾象</sub>
殺將軍亦曰姦寇入營<sub>通鑑</sub>
五帝座中央黃帝星數動搖則人主好出遊色青微者<sub>乾象</sub>
皆凶<sub>通鑑</sub>
客星出四角乍東乍西乍南乍北光芒射帝座不見留

舍十日已上不去者其國君暴死亦曰人君受禍<sub></sub>

太白出角逆行守太子星則後宮有異謀一曰東宮受

禍

歲星逆犯太子星則君儲廢立一曰東宮有憂

客星變色直抵觸太子星東宮有暴兵一曰客星入太

微與太子星抵觸者則其野將棄祀

太白逆行失度光芒四角射九卿雲則上卿有以兵叛

人君者一曰天子失侍臣心

若流星出抵天市東西垣奄垣星不見各以其所奄星

命其國殃流星掩垣則大臣受辱一曰諸侯有坐法者

乾象
通鑑

流星起自天市中星流出天市入濁則天子將賜大赦

一曰德澤及外國<sub>乾象</sub>通鑑

彗孛出天市光芒炛烜垣外則天子自將兵一曰天子親

戎服以伐諸侯<sub>乾象</sub>通鑑

宦者星光浮而動搖移徙不止者內侍有匿謀宮中大

亂一曰宮中有外寇侍臣以事坐誅<sub>乾象</sub>通鑑

左右角二星相迫是謂天門閉天門閉主天子淫荒施政天下

不治一曰天門閉國政廢<sub>乾象</sub>通鑑

日蝕角人主不安角天廷也日有蝕之故人君不安宮

廷<sub>乾象</sub>通鑑

左右角有青暈內赤黃及再重者其國進女樂者中有

黑氣奄覆人君荒淫不親政事　乾象

月暈左右角色白者天子自將兵一曰有內亂色黃者

其國有喜慶事　通鑑

月犯右角奄星不見則賢臣謀姦佞在君側若犯左角

奄星不見則忠臣受戮政事急下民勞怨一曰國祚將

亡則月奄左右角星俱不見　通鑑

日暈在亢旁有兩珥上有黃寇其國納土者　乾象

日暈在氐中有青白氣奄覆者其國有革政日暈一重

至九重及中有黑氣者有易王　通鑑

日在房暈中有青白氣外有黑氣相摩旁有白氣如帶

相縈者其國昏亂無君亦曰失國祚　通鑑

日蝕心京師見四方不見主天子有內憂一曰廊廟有

兵廢日蝕心四方見京師不見主邊臣有叛謀以其竊

命國 乾象 通鑑

日在箕蝕京師見四方不見主後宮有憂一曰兵起天

子廷日在箕蝕四方見京師不見其主殃在人主故曰

人臣內弱故在人臣 乾象 通鑑

日在南斗蝕四方見京師不見其咎在臣故曰吳地有

急兵 乾象 通鑑

月行側逆入牽牛抵中央大星者其國棄祀與戎亦曰

大人有憂 乾象 通鑑

日蝕在虛京師見四方不見其殃在人君亦曰有哭泣

京氏易八卷（清《木犀軒叢書》刊本）

事日蝕在虛四方見京師不見其咎在臣下主大臣有

匡謀以事坐法
<sub>通鑑</sub>乾象

日暈虛日中有黑子旁有黑雲氣者其國宗廟移徙社

稷不安主弱臣強天下亂
<sub>通鑑</sub>乾象

月在營室蝕不在望其國有廢嫡立庶之事亦曰有內

亂
<sub>通鑑</sub>乾象

客星入營室中有刺客入國境亦曰臣下通外奸守之

久而不下者大人惡之
<sub>通鑑</sub>乾象

鎮星入抵東壁其下有土功事亦曰歲旱民飢又曰鎮

星入東壁太南爲歲大旱鎮星入東壁太北爲歲大水
<sub>通鑑</sub>乾象

248

日蝕奎三公與諸侯相賊又曰三公失國不旱且水乾象

日在婁蝕旁有黑氣往來摩日者其野將受君賞餘色乾象

俱主兵起通鑑乾象

月失行抵犯觜觿其國有暴兵起亦曰有內亂又曰後

宮有兵變通鑑乾象

月失行抵犯太白其國有兵起通鑑乾象

日在柳蝕甲乙日其國有自主諸侯亦主人臣有逆謀

日在柳蝕丙丁日其野有飛蝗傷禾稼日在柳蝕戊己

日其分有兵謀志不成日在柳蝕庚辛日天子自將

兵其野以兵失地日在柳蝕壬癸日其分有風雨破毀

屋舍傷禾稼糴貴<sub>乾象</sub>通鑑

月在柳甲乙日蝕則旱霜殺草木月在柳丙丁日蝕則

風雨折木毀屋月在柳戊己日蝕則其國水荒月在柳

庚辛日蝕其國破軍殺將月在柳壬癸日蝕其國有女

喪亦主大水<sub>乾象</sub>通鑑

月暈柳在甲乙日所宿國民多疾疫月暈柳在丙丁日

所宿國多火災月暈柳在戊己日其野歲豐月暈柳在

庚辛日其國有赦亦主兵外至月暈柳在壬癸日其野

多雨水<sub>乾象</sub>通鑑

月犯柳其分有兵喪亦主女喪月犯柳則雨霪毀懷山

谷<sub>乾象</sub>通鑑

250

歲星經柳干犯經六十日巳上則其國君增秩益土見

不失本色則吉歲星逆犯柳痼其野有風雨災傷禾稼

熒惑守柳既去而復居之其痼國君死熒惑犯柳成句

巳其國多旱逆度則大雨傷稼糴貴 通鑑

太白經天守柳其國有死君亦主大兵喪若晝見守柳

其野失城邑一曰破軍殺將若留舍有芒角去而復居

之是謂反至不有破軍必有屠城 通鑑 乾象

客星入柳中三日不出人君當之及七日不去其野有

兵火乘之及二十日至四十九日王者惡之其地與諸

侯相攻先舉者勝若乘之及百日不救則必有死君 乾象

彗星出柳星不出本度其國歲不登羅貴亦曰有兵喪

乾象
通鑑

孛星出柳則天廚有兵起一日有進毒在飲饍閒若有

光芒及他度則其野亦有殊若不本度受禍尤甚　乾象通鑑

使星出柳南走北不出本度其國有赦令從柳北走南

其國有濫刑為貴使星大者使大星小者使小星　乾象

象通鑑

古今注曰使星乃流星也故星傳曰流星

蒼白氣環繞柳中其野有能將若白氣未滅復有赤色

縈紆則其國兵火至近期六日遠期百日　乾象通鑑

孛星出張宿其野有盜賊起亦曰內有兵變　乾象通鑑

流星抵張若芒從外至其國有天子使因兵至光芒從
內出天子有使出因兵遣 <sub>通鑑</sub> <sub>乾象</sub>
冀爲樂府之宿亦主俳倡石申言明大則吉然則明大
謂黃潤而明不失本色則吉若明大有芒角乍東乍西
乍南乍北光芒不定者其國君淫女樂亦曰有進俳倡
入宮中者 <sub>通鑑</sub> <sub>乾象</sub>
七星主衣服文繡黃潤而明無芒刃角靜而不動則衣
服不貳從容有常有芒角或動而明大則臣有僭上之
服亦主陰謀若星直而均大則天下諒陰 <sub>通鑑</sub> <sub>乾象</sub>
日蝕七星色青赤主有兵火蒼白其國有急兵色黑有
死將日蝕七星則天都有亂兵起甲乙日蝕七星其國

有衣服之僭亦主人君之喪丙丁日蝕七星其野有盜賊自內起戊己日蝕七星則賢路塞庚辛日蝕七星有白衣之會壬癸日蝕七星則暴兵至 乾象通鑑

月蝕七星不厯軒轅則禍輕蝕犯軒轅則女主惡之亦曰天子衛兵變 乾象通鑑

日暈七星有白虹貫之其野有兵喪亦曰王者惡之象 乾象

通鑑

歲星逆犯七星有芒角則國不用賢小人在位 乾象通鑑

熒惑乘凌七星或句已者其國有火災亦曰宮中有火災若芒角乍明乍滅者其分憂兵若芒角色青不定其野有戰主血流地上若芒角色白乍明乍滅者其國有

大兵起若色赤則憂火災色黑則天都有大水至亦主

有女喪色黃則有赦令通鑑乾象

鎮星失本色逆行失度犯七星則天都有兵火若有芒

角守之其野賢人犯法而死亦曰賢者死非命若芒角

乍明乍滅其國有女喪通鑑乾象

鎮星出入留舍七星居之又去之復來居之及環成

句已者其國憂兵火亦主盜賊四起及急兵事通鑑乾象

太白經天犯七星居軒轅環繞復居七星其分有白衣

會亦主兵喪通鑑

辰星乘凌而入七星魁中則後宮有火若出守下三星

則其分憂水傷禾稼乾象通鑑

客星入七星天都起暴兵亦曰有兵大戰若色赤則憂

火災色白憂兵起色青憂大臣有謀色黃則憂土功有

變色色黑則憂諸侯更立 <sub>乾象</sub>

張主賞賚明潤色黃星不支離則王者信賞必罰明有

芒角則天下賞罰濫冒星暗不見則王者失賞柄星不

聯屬則諸侯擅賞罰 <sub>乾象</sub> <sub>通鑑</sub>

歲星經天犯張宿及有芒角光明侵奄張星其分有諸

侯革命改宗廟易社稷 <sub>乾象</sub> <sub>通鑑</sub>

熒惑犯翼宿光芒四出失度失色其國喪地亦主流徙

人民及羅貴 <sub>乾象</sub> <sub>通鑑</sub>

鎮星犯翼環繞成句已有芒角失常居之五十日者其

國有兵主國大戰流血通鑑乾象

太白失行逆犯翼宿其國受禍居之二十日有大喪象乾

彗星犯翼芒角干他星所宿國失主權亦曰國君惡之乾象通鑑

孛星干犯翼乘之不滅者其野有四夷不賓之變亦主乾象通鑑

臣下失職臣不臣之乾象通鑑

軫星不明則期三日大風軫與轄並明則國有同姓叛

謀亦曰左轄與軫並明則同姓有叛謀右轄與軫並明

則異姓有叛謀通鑑乾象

月犯軫左轄同姓有憂犯右轄異姓受禍掩星不見者

其野侯王有災 乾象 通鑑

星孛犯平道星中天衢有火災若星孛平道則天衢有

兵起 乾象 通鑑

星孛平道中則天子潛行亦曰天王者親道路 乾象 通鑑

客星守犯軫宿芒角四出侵星不明其野有憂兵火亦

主流亡人民 乾象 通鑑

頑頑星坼天下濫刑冤加艮善亦曰天下有冤獄星亡

則貴人受辱 乾象 通鑑

他星入亢池星及星疎坼則有王者有水憂 乾象 通鑑

西咸星亡則人主有憂東咸俱亡則朝廷危宗社不安

東咸移徙抵星中星天子惡之一曰有兵喪西咸入移

抵房星則王者政令不行人主有憂〔乾象通鑑〕

星孛糠星則斗米萬錢民飢糟糠〔乾象通鑑〕

籠十四星星坼則爲白衣會星亡則主兵起星移徙不〔乾象通鑑〕

瓠瓜旁五星日敗瓜明潤則果實熟明大有芒角則后〔乾象〕

聯屬則陷城邑〔通鑑〕

宮有憂亦日美女女相忌〔乾象通鑑〕

敗瓜中有客星若芒角則后族干權〔乾象通鑑〕

星孛敗瓜有光芒角及尋丈奄星不見則后妃有憂亦

日女主有喪〔通鑑〕

參旗腳入玉井則天下用兵留十日以上天下以兵變

失國一曰其國更王〔乾象通鑑〕

日蝕東井君臣暴虐臣下橫恣上下相賊後有地震　乾象
通鑑

辰星入東井其分水衡之官以失職被逐又曰水官廢　乾象
通鑑

客星破東井鉞星其分有急兵起亦曰無兵兵起又曰　乾象
通鑑引

為水患　乾象
星經外傳

京氏易卷七終

漢　魏郡　太守京房　撰

庚申科舉人充　實錄館校錄候選知縣王保訓集

災異後序

天雨血其下有屠城亦曰破軍殺將人主惡之乾象通鑑

君無德天匪輔厥妖天雨肉國將易其君亦曰國事不乾象通鑑

承天雨土百姓苦此亦下民怨謗有勞苦之歎乾象通鑑

冬雨大雹則國亡有亡國必有走君亦曰人君惡之秋

兩大雹盈數尺則女主有憂乾象通鑑

火失其性肇災宮室是謂天火發甲乙日則期千日有

內變火起丙丁期一年有大喪火起庚辛二百日有兵

起火起王癸日期一百日朝廷有憂 乾象通鑑

人君曲法害民賦斂不已下民不親人君不睦九 乾象通鑑

族故天雨螽亦曰天雨螽其下人君惡之 乾象通鑑

天雨灰四塞若黃塵雨盈數寸者內有蕭牆之變 乾象通鑑

天雨錢其下民人多爭亦曰人臣爭權 乾象通鑑

星孛干犯天庭則天子有憂色赤黃則天子出奇令色 乾象通鑑

青黃則天下大變連禍不已百姓塗炭橫死遍地白骨 乾象通鑑

彗出北辰芒角抵端門則天子自將兵兵謀及天子一 乾象通鑑

藉藉 乾象通鑑

日王者有兵憂 乾象通鑑

月蝕柳在五度已上則大水五穀不熟民有餓色 乾象通鑑

月在珥而暈在柳者則天子當之庖廚憒飲食亦主有

太白晝見在柳與日爭明是謂陰乘陽其國君不勝臣

臣下有叛中有芒角則謀成無芒角則謀不成乾象通鑑

李星出柳光芒及丈餘食頃滅其分有兵火暴起柳分

屬三河周分星李於柳周分受光芒及他宿則周不受

日暈在七星七重則人君廢賢能進邪佞治道衰微紀

綱敗毀暈有黑雲氣掩覆則王道陵遲小人在位通鑑乾象通鑑

月蝕七星色青則衣裳尚侈色赤則其國飢人死於道

色白則天下大喪色黃則天都有土功色黑則主大水

及急兵盜賊起 乾象通鑑

月犯七星則天都有兵變犯至五寸者尤甚望犯七星
則君惡之 乾象通鑑

歲星逆犯守七星及六十日已上者其國喪若順度及 乾象通鑑

六十日其國有立諸侯 通鑑

太白留舍出入不定環繞成句已及芒角不靜是謂逆
犯太白逆犯守七星天都有兵火亦曰有急兵舉 乾象通鑑

辰星守七星其野有兵若順度軌守之其國橋梁不通 乾象

若有芒角不定則姦臣有陰謀 通鑑

客星有芒角射七星暗則臣下有叛志若芒角在東在
西在南在北其分有暴兵起亦曰有兵兵止無兵兵起

彗本大者禍大彗光遠者禍長然彗犯七星及丈餘不滅經七日其國災輕經二十日者災重不盈尺者尤淺

乾象
通鑑

字星在七星光芒四出來而復去既去復來其下有拔蝕

乾象
通鑑

流星抵犯七星王者遣使出疆亦曰其野有兵喪 乾象通鑑

日暈張及三重已上多青赤黑氣相摩者其野白衣會及五重內白外青黃旁無雲氣者其野賢人受辱亦曰府庫憂火 乾象通鑑

月犯張天廚有火災行陽道犯之深者其國臣下有叛

京氏易八卷（清《木犀軒叢書》刊本）

謀行陰道犯之深者其野臣竊刑賞權<small>通鑑</small><small>乾象</small>

熒惑逆犯張宿色青則其野革禮樂失刑賞色白則其

分有兵喪色黃則其國宗廟興土功色赤則其野失寶<small>乾象</small><small>通鑑</small>

玉色黑則其國君不節儉有飲食之侈<small>乾象</small><small>通鑑</small>

鎮星失度失行居張百日不去是謂改常鎮星改常王

者尚奢侈臣下酷法虐民<small>乾象</small><small>通鑑</small>

客星乘張宗廟更亦曰人主憂社稷若犯之不去及百

日其下有自立諸侯亦曰女主干政<small>乾象</small><small>通鑑</small>

彗本大光芒長者禍重彗本小光芒短者禍輕若彗出

芒角長及丈餘犯張其國受兵若彗出光芒及長二丈

犯張其野更立諸侯彗本出光芒長及三丈至五丈其

野諸侯自相侵伐若彗出光芒竟天其國王者革命宗

廟更改 乾象通鑑

彗見除舊實新彗出芒刃指犯張宿其野更改宗廟亦

日臣下有凌上謀 乾象通鑑

日蝕翼宿甲乙日則其國進倡女入宮中蝕翼在丙丁

日則其國人君淫湎酒色禮樂隳壞在戊己日則其國

有侵伐之憂在庚辛日則其國君自起兵破軍殺將在

壬癸日其野君不修文德遠人不服 乾象通鑑

日暈翼七重至九重內黃白赤外青蒼黑者其野有更

王亦日諸侯不受制 乾象通鑑

月犯翼中從西第二距極星若之不見其國后妃有憂

亦曰臣下有憂<sub>乾象</sub>通鑑

歲星經天犯翼宿不制夷狄遠人負固不服<sub>乾象</sub>通鑑

客星乘凌守翼其野有兵火亦主四夷不賓中國石申

言翼主四夷遠客及濱海之賓者謂此<sub>乾象</sub>通鑑

流星抵翼其國有兵火民饑<sub>乾象</sub>通鑑

日食軫左轄則同姓有憂左右轄則異姓有陰謀<sub>乾象</sub>通鑑

日暈三重周匝在軫旁有黑氣上有冠氣乘之者其國<sub>乾象</sub>通鑑

同姓有叛謀亦曰人臣竊主柄<sub>乾象</sub>通鑑

日蝕軫宿至曙不盈者不救則大者受禍其救也人君修德以禳之減常膳正殿進賢退不肖雖蝕不爲災<sub>乾象</sub>

月暈純白不及他色中有黑氣掩月其野有大喪亦曰
國兵大起亦主天子自將兵（乾象 通鑑）
歲星不循軌度失色犯軫是謂變常歲星變常犯軫居
之不去而復來其分有革命侯王亦曰臣下不受制
於天子（乾象 通鑑）
歲星失度失行守軫宿其野冢宰失職亦曰人君有憂（乾象 通鑑）
客星乘犯軫宿其野有兵起及臣下失職（乾象 通鑑）
星孛於軫其野有憂驚亦主女人干時政若孛於軫
左轄主異姓之親愛竊權若光芒勝軫親死於寵衰（乾象）
（通鑑）

流星出周鼎光芒炈若火炬者其外夷有使入國亦曰

外國有兵侵邊境 通鑑 乾象

流星觸犯敗瓜星則女主惡之亦曰後宮災 通鑑 乾象

有黑氣如龍虎形犯敗瓜則后族干政以事敗 通鑑 乾象

周易集林

占天雨否外封得陰爲雨得陽不雨其爻發變得坎爲

雨得離不雨巽化爲坎先風後雨坎化爲巽先雨後風

御覽天部初學記天部引雜占

坤土也 歲時部

蟻封穴戶大雨將至 緣 御覽天部引東觀漢記周易林占 文選注引東觀漢記周易卦

林占緣云蟻封穴戶大雨將集

震主庚子午巽主辛丑未坎主戊寅申離主己卯酉艮

主丙辰戌兑主丁巳亥 注未屬巽、月令正義

易逆刺

天雨金歲大熟 覽器物部引天雨金瓴歲一熟

天雨穀歲大熟 藝文類聚百穀部 北堂書鈔時序部引易占 御覽時序部引易占 御

律術

六十律相生之法以上生下皆三生二以下生上皆三

生四陽下生陰陰上生陽終於中呂而十二律畢矣中

呂上生執始執始下生去滅上下相生終於南事六十

律畢矣夫十二律之變至於六十猶八卦之變至於六

十四也宓犧作易紀陽氣之初以為律法建日冬至之

聲以黃鍾爲宮太蔟爲商姑洗爲角林鍾爲徵南呂爲

羽應鍾爲變宮蕤賓爲變徵此聲氣之元五音之正也

故各終一日其餘以次運行當日者各自爲宮而商徵

以類從焉禮運篇曰五聲六律十二管還相爲宮此之

謂也以六十律分期之日黃鍾自冬至始及冬至而復

陰陽寒燠風雨之占生焉於以檢攝羣音考其高下苟

非草木之聲則無不有所合虞書曰律和聲此之謂也

後漢書律
厤志一

律難以度調故作準以代之準之狀如瑟長丈而十三

弦隱閒九尺中共一弦下畫分寸均中其弦使應黃鍾

之聲然按分寸以求諸律則皆如畫而應矣然至上古

有鍾其次有律近古有準皆稍簡易之意其相生也黃

鍾下生林鍾林鍾上生太蔟太蔟下生南呂南呂上生

姑洗姑洗下生應鍾應鍾上生蕤賓蕤賓下生大呂大

呂上生夷則夷則下生夾鍾夾鍾上生無射無射下生

中呂中呂上生黃鍾上下相生終六十執使以下四十

八律又多不載孟春之月則太蔟為宮姑洗為商蕤賓

為角南呂為徵應鍾為羽大呂為變宮夷則為變徵它

月效此也 御覽時
序部

竹聲不可以度調故作準以定數準之狀如瑟長丈而

十三弦隱間九尺以應黃鍾之律九寸中央一弦下有

畫分寸以為六十律清濁之節 御覽時序部引準竹聲
後漢書律厤志一又

不可以度調故作準以定數準之狀如瑟長一丈而十
三弦隱間九尺以應黃鍾之律九寸中央一弦下有畫
分寸以為六十
律清濁之節矣
至治之世天地之氣合以生風天地之風氣定十二律
夫五音生於本姓分為十二律轉生六十二律皆所以
紀斗氣效物類也天效以影地效以響即律也陰陽和
則影至以律氣應則灰除是故天子常以冬夏至御前
殿合八能之士陳八音聽樂韻度晷影候鍾律權土灰
校陰陽冬至陽氣應則韻清影長極黃鍾通土灰輕而
衡仰夏至陰氣應則韻濁影短極蕤賓通土灰重而衡
低進退於先後五日之中八音能各以候狀聞太史合

封上效則和否則占候氣之法為室三重戶閉塗釁必

周密布緹幔室中以木為案每律各一內卑外高從其

方位加律以葭莩灰抑其內端案厤而候之氣至者灰

去其為氣所動者灰散風所動者其灰聚殿中候用玉

律十二唯二至乃候靈臺用竹律六十〔御覽時 序部〕

又凡律度量衡用銅銅為物也精不為燥溼寒暑變其

節不為風雨曝露改其形介然常似於君子之形是以

用銅也用竹為引者事之宜也〔御覽時 序部〕

京氏易卷八終

# 心一堂術數古籍整理叢刊

| 書名 | 作者 | 整理／校註 |
|---|---|---|
| 全本校註增刪卜易 | 【清】野鶴老人 | 李凡丁（鼎升）校註 |
| 紫微斗數捷覽（明刊孤本）附點校本 | 傳【宋】陳希夷 | 馮一、心一堂術數古籍整理小組點校 |
| 紫微斗數全書古訣辨正 | 傳【宋】陳希夷 | 潘國森辨正 |
| 應天歌（修訂版）附格物至言 | 【宋】郭程撰 傳 | 莊圓整理 |
| 壬竅 | 【清】無無野人小蘇郎逸 | 劉浩君校訂 |
| 奇門祕覈（臺藏本） | 【元】佚名 | 李鏘濤、鄭同校訂 |
| 臨穴指南選註 | 【清】章仲山 原著 | 梁國誠選註 |
| 皇極經世真詮—國運與世運 | 【宋】邵雍 原著 | 李光浦 |

# 心一堂當代術數文庫

# 心一堂 易學經典文庫 已出版及即將出版書目

| 書名 | 朝代 | 作者 |
|---|---|---|
| 宋本焦氏易林（上）（下） | 【漢】 | 焦贛 |
| 周易易解（原版）（上）（下） | 【清】 | 沈竹礽 |
| 《周易示兒錄》附《周易說餘》 | 【清】 | 沈竹礽 |
| 三易新論（上）（中）（下） | | 沈瓞民 |
| 《周易孟氏學》《周易孟氏學遺補》《孟氏易傳授考》 | 【漢】 | 沈瓞民 |
| 京氏易八卷（清《木犀軒叢書》刊本） | 【漢】 | 京房 |
| 京氏易傳古本五種 | 【漢】 | 京房 |
| 京氏易傳箋註 | 【民國】 | 徐昂 |
| 刪訂來氏象數圖說 | 【清】 | 毛奇齡 |
| 推易始末 | 【清】 | 張恩霨 |
| 周易卦變解八宮說 | 【清】 | 吳灌先 |
| 易觸 | 【清】 | 賀子翼 |
| 易義淺述 | | 何遯翁 |

書名：京氏易八卷本
系列：易學經典文庫
原著：【漢】京房
主編・責任編輯：陳劍聰

出版：心一堂有限公司
通訊地址：香港九龍旺角彌敦道六一〇號荷李活商業中心十八樓〇五一〇六室
深港讀者服務中心：中國深圳市羅湖區立新路六號羅湖商業大廈負一層〇〇八室
電話號碼：(852) 67150840
網址：publish. sunyata. cc
淘宝店地址：https://shop210782774. taobao. com
微店地址：  https://weidian. com/s/1212826297
臉書：     https://www. facebook. com/sunyatabook
讀者論壇：  http://bbs. sunyata. cc

香港發行：香港聯合書刊物流有限公司
地址：香港新界大埔汀麗路36號中華商務印刷大廈3樓
電話號碼：(852) 2150-2100
傳真號碼：(852) 2407-3062
電郵：info@suplogistics. com. hk

台灣發行：秀威資訊科技股份有限公司
地址：台灣台北市內湖區瑞光路七十六巷六十五號一樓
電話號碼：+886-2-2796-3638
傳真號碼：+886-2-2796-1377
網絡書店：www. bodbooks. com. tw
心一堂台灣秀威書店讀者服務中心：
地址：台灣台北市中山區松江路二〇九號1樓
電話號碼：+886-2-2518-0207
傳真號碼：+886-2-2518-0778
網址：http://www. govbooks. com. tw

中國大陸發行　零售：深圳心一堂文化傳播有限公司
深圳地址：深圳市羅湖區立新路六號羅湖商業大廈負一層008室
電話號碼：(86)0755-82224934

版次：二零一九年六月初版，平裝

心一堂微店二維碼

心一堂淘寶店二維碼

定價：  港幣　　　一百九十八元正
　　　　新台幣　　七百九十八元正

國際書號 ISBN 978-988-8582-81-5